atelierJAK
FAULTY REVERIES

KERBER ART

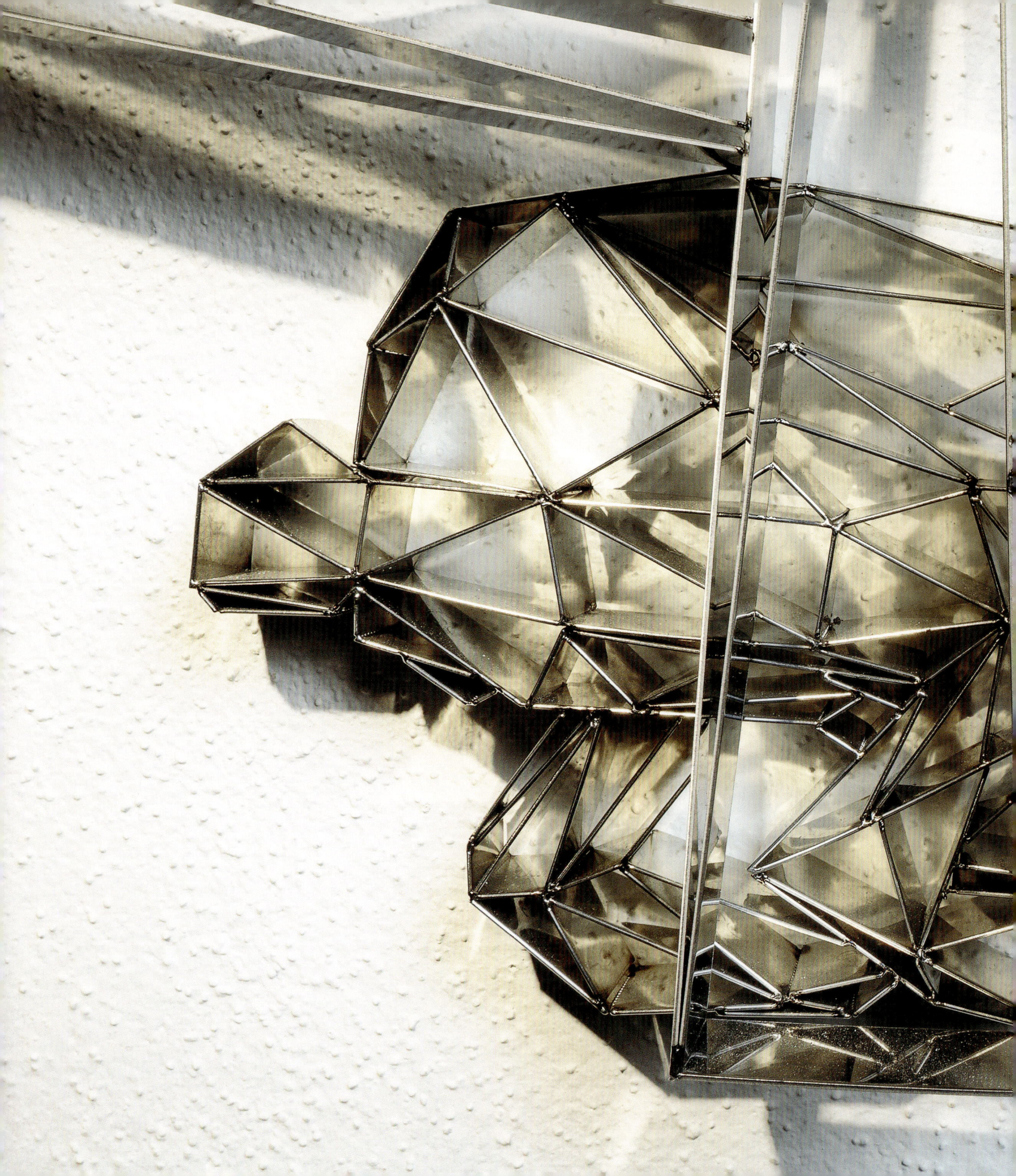

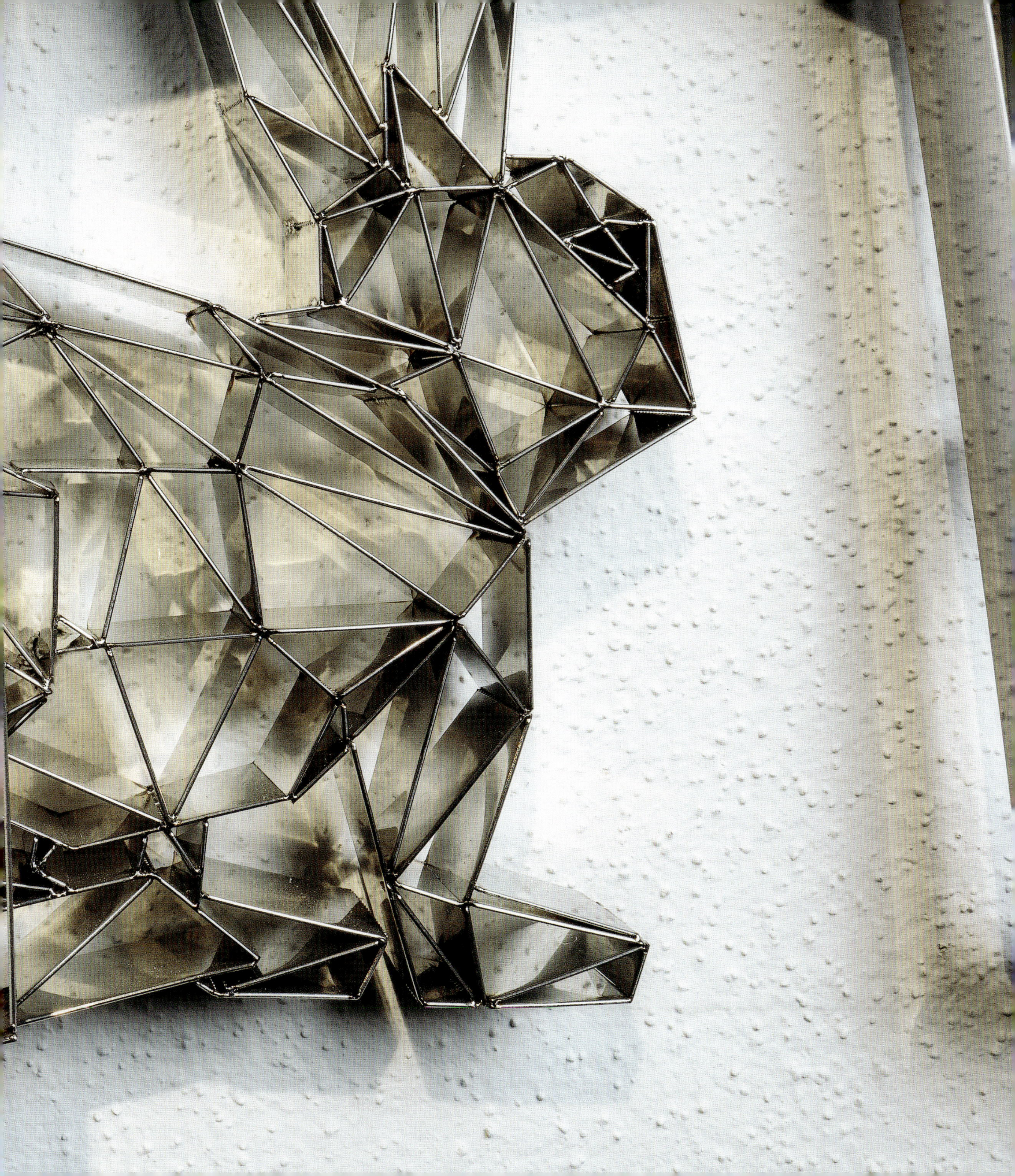

JAK – verzweifelt gesucht!

JAK—desperately sought!

Annika Schoemann

DE

Es ist Nacht und ich laufe einfach los. Die Lichter der vorbeifahrenden Autos blenden mich. Dadadaaddaaa – bängbängbäng – lalalalala - jedes Auto hinterlässt einen eigenen Klangteppich und die Musikfetzen verhallen nur langsam. Es riecht nach Regen. Die Skyline der Stadt kann ich verschwommen im Dunst der Nachtluft erkennen. Mir ist kalt und ich ziehe die Kapuze noch ein Stück enger um meinen Kopf. Ich irre durch die Straßen. Mein Kopf ist ganz schwer. Wie mit zerfaserten, von Flüssigkeit vollgesogenen Wattebauschen gefüllt.

Das Auge ist ein ganz gemeiner Verräter – oder ist es nur mein Auge? Fritz Lang hätte seine wahre Freude mit meinen Augen gehabt: gleich überdimensionalen Filmkulissen aus Pappmaché türmen sich die Gebäude links und rechts des Weges neben mir auf. Sie schauen verächtlich auf mich runter. Sind es überhaupt Gebäude? Ich sehe und kann doch nichts erkennen...

Wo bist Du JAK??? Ich kann Dich nicht finden, Du siehst immer anders aus. Da vorne, bist Du das? Ich laufe Dir hinterher, durch die immer enger werdenden Straßen, Gassen, Gänge. Ich kann meinen eigenen, keuchenden Atmen hören – wo bist Du, JAK – Hilfe!

Ich fliehe in eine Seitengasse und die Tore, Wände, Häuser, Fassaden lösen sich auf – Einstürzende Neubauten[1]? Nein, sie werden nur ganz anders. Ganz verzogen und verzerrt ist die Architektur, die Perspektiven verschieben sich – plötzlich Aluminiumpapierkulissen hinter Glas.

Bin ich in *Metropolis*[2] hallt es in meinem Kopf und ich sehe Joh Fredersens stolzen Blick auf seiner gigantischen Ober- und Unterstadt ruhen und zugleich denke ich an *TRON*[3], wenn er mit Flynn durch die virtuelle Rasterstadt der Zukunft rast und zu ihm sagt: „Alles Sichtbare muss in das Reich des Unsichtbaren gehen. Du darfst passieren, mein Freund“ – was ist real und was ist nur in meinem Kopf? Sehe ich jetzt wirklich Bilder an einer Wand? Und doch sind es Fassaden, Kulissen. Wie mit Laserstrahlen umrandet erscheinen die Bauten – sind sie aus Papier oder aus Metall? Gitterartige Strukturen bilden einen Straßenzug und zeigen elegante Häuserfronten mit tiefen Fensternischen und barocken Torbögen und daneben gotische Verstrebungen. Und was ist das? „Blue Star“ kann ich einen Schriftzug über einem Portal entziffern – fast wie der Eingang

EN

It is night, and I just start walking. The lights of the passing cars blind me. Dadadaaddaaa—bängbängbäng—lalalalala—each car leaves its own carpet of sound, and the snatches of music only slowly fade away. It smells of rain. I can make out the city skyline in a blur in the haze of the night air. I am cold and pull my hood a little tighter around my head. I wander through the streets. My head is very heavy. As if filled with frayed cotton balls soaked in liquid.

The eye is a very mean traitor—or is it just my eye? Fritz Lang would have had real fun with my eyes: the buildings to the left and right of the path beside me tower up like oversized papier-mâché film sets. They look down on me contemptuously. Are they buildings at all? I see and yet I can't recognise anything ...

Where are you JAK??? I can't find you, you always look different. Over there, is that you? I run after you through the increasingly narrow streets, alleys and corridors. I can hear my own gasping breaths—where are you, JAK?— Help!

I flee into a side alley, and the gates, walls, houses, façades dissolve—Einstürzende Neubauten[1]? No, they just become completely different. The architecture is completely warped and distorted, the perspectives shift—suddenly aluminum paper backdrops behind glass.

Am I in *Metropolis?,*[2] it echoes in my head, and I see Joh Fredersen's proud gaze resting on his gigantic upper and lower city, and at the same time, I think of *TRON*[3] when he races with Flynn through the virtual grid city of the future and says to him: "Everything visible must go into the realm of the invisible. You may pass, my friend"—what is real and what is only in my head? Am I really seeing pictures on a wall now? And yet they are façades, backdrops. The buildings appear as if outlined with laser beams - are they made of paper or metal? Grid-like structures form a street and show elegant house fronts with deep window niches and baroque archways and Gothic bracing next to them. And what is this? "Blue Star" I can decipher a lettering above a portal—almost like the entrance to a cool bar, just around the corner from me. What time am I in? And where am I?

2-dimensional and yet 3-dimensional, the large-format objects or pictures rise up along the walls in front of me. I happen to be in a kind of in-between space with an almost clear structure of

zu einer coolen Bar, gleich bei mir um die Ecke. In welcher Zeit bin ich? Und wo bin ich?

2-dimensional und doch 3-dimensional ragen die großformatigen Objekte oder Bilder entlang der Wände vor mir auf. Ich befinde mich in einer Art Zwischenraum von einer geradezu klaren Struktur der Unbestimmtheit. Ganz langsam gleitet mein Blick entlang der Linien, Kanten, Ecken. Von nahem erkenne ich den Zusammenhang nicht, kann aber die Details, die Feinheiten, die perfekten Oberflächen, Schnitte und Verklebungen des dünnen Metalls, das doch zugleich Papier zu sein scheint, erkennen. Es muss unglaublich lange gedauert haben, ist mein einziger Gedanke. Ich schaue weiter und entdecke noch ein Bild aus metallischem Papier auf schwarzem Grund in einem schwarzen Rahmen hinter Glas. Es erinnert mich an einen Lüster, der in einem französischen Rokokoschloss zu Hause sein könnte und dennoch in seiner Formensprache irritiert. Wie ein riesiger in sich gedrehter Diamant mit seinem facettenreichen Schliff. Oder 2 Häuser mit Diamantnetzhaut, die Kopf an Kopf aufeinandertreffen ... Wo ist hier eigentlich oben und unten?

Ich verliere mich, dabei bin ich doch auf der Suche nach Dir, JAK? Verlaufen habe ich mich – in einem matrixartigen Labyrinth eines gigantischen Filmstudios mit potemkinschen Fassaden.

Ich bin müde und setze mich auf den Boden, da bin ich mir wenigstens sicher, es ist der Boden. Was schleppe ich da eigentlich die ganze Zeit mit mir rum? Meine Jackentasche ist schon ganz ausgebeult. Ach, das Buch hatte ich schon ganz vergessen. Worum ging es da noch einmal? – Resonanz, ha, ich lache leise auf.

„Daher ist es keineswegs zufällig, wenn die Augen auch als ‚Seelenfenster' eines Menschen betrachtet werden, durch die einerseits die Welt in die Seele hineinfällt, während sie andererseits auch die seelischen Bewegungen und Regungen spiegeln oder zum Ausdruck bringen. Die unmittelbarste physische Form des bewussten In-Beziehung-Tretens mit einem Menschen, einem Tier oder auch einer Sache, zum Beispiel einer Landschaft, besteht in der Aufnahme des Blickkontaktes beziehungsweise darin, sie in den Blick zu nehmen. Seit der Antike und bis in die Renaissance hinein wurde dabei immer wieder angenommen, dass sich zwischen den Augen des Sehenden und den Welt-Dingen, insbesondere natürlich den Augen der Mitmenschen, geheime, unsicht-

indeterminacy. Very slowly my gaze glides along the lines, edges, corners. Up close, I don't recognise the context, but I can see the details, the subtleties, the perfect surfaces, cuts and glues of the thin metal that seems to be paper at the same time. It must have taken an incredibly long time, is my only thought. I look further and discover another picture of metallic paper on a black ground in a black frame behind glass. It reminds me of a chandelier that could be at home in a French rococo chateau and yet is irritating in its formal language. Like a huge diamond twisted in on itself with its multi-faceted cut. Or 2 houses with diamond retinas meeting head to head ... Where is up and down here, actually?

I lose myself, and yet I'm seeking you, JAK? I am lost—in a matrix-like labyrinth of a gigantic film studio with Potemkin façades.

I'm tired and sit down on the floor, at least I'm sure it's the floor. What am I carrying around with me all the time? My jacket pocket is already bulging. Oh, I'd forgotten all about that book. What was it about again?—Resonance, ha, I laugh softly.

"It is therefore by no means accidental that the eyes are also regarded as the ‚windows of the soul' of a human being, through which, on the one hand, the world falls into the soul, while, on the other hand, they also reflect or express the movements and impulses of the soul. The most direct physical form of consciously entering into relationship with a person, an animal or even a thing, for example a landscape, involves making eye contact or taking it into one's gaze. Since antiquity and right up to the Renaissance, it was repeatedly assumed that secret, invisible rays and connections form between the eyes of the seeing person and the things of the world, especially of course the eyes of fellow human beings, which can produce both touching or moving resonance effects, for example by kindling the fire of love, and can also be responsible for a numbness or petrification in the world relationship of a counterpart."[4]

I have seen the invisible rays clearly, but is what I see also what is there? Seeing without recognising—they say I suffer from soul blindness. But I have eyes and a soul.

Isn't there something flickering back there? And I hear music too, or rather a voice speaking? Let's have a look. Suddenly I'm standing on a square

bare Strahlen und Verbindungen ausbilden, welche sowohl berührende oder ergreifende Resonanzwirkungen erzeugen können, indem sie etwa das Feuer der Liebe entfachen, als auch für eine Erstarrung oder Versteinerung in der Weltbeziehung eines Gegenübers verantwortlich sein können."[4]

Ich habe die unsichtbaren Strahlen genau gesehen, aber ist das, was ich sehe, auch das was da ist? Sehen, ohne zu erkennen – sie sagen ich leide unter einer Seelenblindheit. Aber ich habe Augen und eine Seele.

Da hinten flackert doch etwas? Und Musik höre ich auch oder eher eine Stimme, die da spricht? Mal nachsehen. Plötzlich stehe ich auf einem Platz mit einer Leinwand – mit mehreren Leinwänden, die Leinwände sind überall, Bilder bewegen sich, eine Stimme tönt an mein Ohr. JAK da bist Du ja, aber ich kann Dich nicht erreichen – Du bist so weit weg, Du bist auf der Leinwand, Du bist im Film. Ich sehe Dich durch die Nacht laufen. Die vorbeifahrenden Autos blenden. Dadadaaddaaa – bängbängbäng – lalalalala - jedes Auto hinterlässt einen eigenen Klangteppich und die Musikfetzen verhallen nur langsam. Es riecht nach Regen. Die Skyline der Stadt kann man verschwommen im Dunst der Nachtluft erkennen. Dir ist kalt und Du ziehst Dir die Kapuze noch ein Stück enger um den Kopf und irrst durch die Straßen ...

Vorbei an gesichtslosen Fassaden, Maschendrahtzäunen, Werbetafeln und beleuchteten Tempeln einer vergangenen oder neuen Religion. Dann stehst Du über den Dingen und schaust auf das Chaos und die Stille unter Dir. Bist Du der Autor Deines eigenen Drehbuchs – weißt Du, wie die Geschichte weitergeht? Bevor ich weitere Fragen stellen kann ist der Film zu Ende – 3 Minuten und Schnitt.

Na gut, sage ich mir und setze meine rastlose Suche nach Dir weiter fort. Ich bin eh schon ganz kopflos und lasse mich einfach treiben.

Tausend Momente und doch keine Welt. Ich schleiche zwischen den kleinen durchscheinenden und doch von Leben gefüllten Quadern umher. Da braucht man ja fast eine Lupe, um etwas zu erkennen! Ich gehe ganz nah ran und entdecke kleine Figuren, Häuser, Landschaften – wie gemalte Filmszenen aus der perfekt inszenierten Heile-Welt-Ideologie à la *Truman Show*[5] oder doch die verwirrenden technischen Erfindungen eines durchstrukturierten Alltags bei Jaques Tatis' *Mon oncle?*[6] Das bizarre

with a screen - with several screens, the screens are everywhere, pictures are moving, a voice is ringing in my ear. JAK there you are, but I can't reach you—you are so far away, you are on the screen, you are in the film. I see you running through the night. The passing cars are blinding. Dadadaaddaaa—bängbängbäng - lalalalala - each car leaves its own carpet of sound and the snatches of music only slowly fade away. It smells of rain. You can make out the city skyline in a blur in the haze of the night air. You are cold and pull your hood a bit tighter around your head and wander through the streets...

Past faceless facades, wire mesh fences, billboards and illuminated temples of a past or new religion. Then you stand above things and look down on the chaos and silence below you. Are you the author of your own script—do you know how the story continues? Before I can ask any more questions, the film is over—3 minutes and cut.

All right, I say to myself and continue my restless search for you. I'm already completely headless anyway and just let myself drift.

A thousand moments and yet no world. I creep around between the small translucent and yet life-filled cuboids. You almost need a magnifying glass to see anything! I move in close and discover small figures, houses, landscapes - like painted film scenes from the perfectly staged idyllic world ideology à la *Truman Show*[5] or the confusing technical inventions of a structured everyday life in Jacques Tatis' *Mon oncle?*[6] The bizarre life in miniature—captured on a transparent background and in an absurdly small format. 3D photos or souvenirs of a bygone world? There—I can see some lettering—PRADA—I know it, then we are in the here and now. Do the individual portraits actually want to tell me something—if I put them in the right order, will I get a message? From a distance, everything is so beautifully colourful, not all are completely transparent, there are also coloured stones. Mosaic-like, grid-like, matrix-like: *The images of the natural inventory, dissolved into its natural elements, are handed over to the consciousness for free disposal. Their original arrangement is gone, they no longer adhere to a spatial context that connected them to an original from which the memory image has been separated. But if the natural remains do not aim at the memory image, their arrangement in the image is*

Leben en miniature – festgehalten auf einem durchsichtigen Untergrund und in einem aberwitzigen Kleinformat. 3D Fotos oder Souvenirs einer vergangenen Welt? Da – ich kann einen Schriftzug entdecken – PRADA – kenn ich, dann sind wir doch im Hier und Heute. Wollen mir die einzelnen Bildnisse eigentlich etwas sagen – wenn ich sie in die richtige Reihenfolge bringe, erhalte ich dann eine Botschaft? Von weitem ist alles so schön bunt, nicht alle sind ganz durchsichtig, es gibt auch eingefärbte Steine. Mosaikartig, rastergleich, matrixmäßig: *Die Bilder des in seine Naturelemente aufgelösten Naturbestands sind dem Bewusstsein zur freien Verfügung überantwortet. Ihre ursprüngliche Anordnung ist dahin, sie haften nicht mehr in einem räumlichen Zusammenhang, der sie mit einem Original verband, aus dem das Gedächtnisbild ausgesondert worden ist. Zielen aber die naturalen Überreste nicht auf das Gedächtnisbild hin, so ist ihre im Bild vermittelte Anordnung notwendig ein Provisorium* – wer hat das noch gesagt? Weiß' ich nicht mehr, aber an den Titel kann ich mich noch erinnern: *Das Ornament der Masse.*[7]

Steine sind es vielleicht doch eher nicht – was ist das bloß für ein Material, fühlt sich an wie eine erstarrte, gallertartige Masse *from outer space* oder Plastik? Vielleicht sollte ich diese Momentaufnahmen unter ein Mikroskop legen. Weisen sie mir dann den Weg – damit ich hier endlich rauskomme?

Ich habe so Durst! Da hinten sehe ich Flaschen oder Becher oder eher Vasen? Komisch auf einem kleinen Mauervorsprung stehen verschiedene Gefäße aufgereiht, aber sie sehen irgendwie merkwürdig aus. Gar keine richtigen Gefäße, wo ist der Innenraum? Diese Vasen oder Pseudovasen sind wie ich und wissen nicht, wo ein Innen und ein Außen ist. Sind es überhaupt Vasen oder haben die Dinger gar keine Funktion? Huch, wenn ich reinschaue, kommt zugleich auch etwas raus. Lustig sehen sie aus – fast wie eine Rolle Toilettenpapier, aber aus Porzellan ... Unser heimlicher Pandemie-Schatz: Klopapier. Werde ich jetzt langsam verrückt? Ich muss hier raus – es ist alles so dunkel ...

Nein, es ist eher Grün – da ist ein grünes Licht und es wird immer stärker. Mein Kopf dröhnt, aber ich bleibe neugierig. JAK, ist das alles ein Spiel? Wo bist Du? Ich schleppe mich weiter und – halt, was ist das jetzt wieder? Ein grüner Torbogen, der Eingang ins Auenland vielleicht? Ich muss mich fast

necessarily a provisional one—who was it who said that? I don't remember, but I still remember the title: *The Ornament of the Mass.*[7]

Maybe it's not stones after all—what kind of material is it, feels like a solidified, gelatinous mass from outer space or plastic? Maybe I should put these snapshots under a microscope. Will they then show me the way—so that I can finally get out of here?

I am so thirsty! Back there, I see bottles or cups or rather vases? Strangely, there are various vessels lined up on a small ledge, but they look strange somehow. Not real vessels at all, where is the interior? These vases or pseudo-vases are like me and don't know where there is an inside and an outside. Are they vases at all or do these things have no function at all? Oops, when I look inside, something comes out at the same time. They look funny—almost like a roll of toilet paper, but made of porcelain ... Our secret pandemic treasure: toilet paper. Am I slowly going crazy now? I have to get out of here—it's all so dark ...

No, it's rather green—there's a green light and it's getting stronger. My head is pounding, but I remain curious. JAK, is this all a game? Where are you? I drag myself on and—wait, what is that now? A green archway, the entrance to the Shire perhaps? I almost have to shake with laughter, for it is a very low entrance, probably more for dwarves—and I think of the dwarf Gimli in his fatalism: *death as a certainty. Little chance of success. What are we waiting for?*[8] What nonsense, as if this is a matter of life or death?! But seriously, JAK, I'm getting fed up—what's with this stupid game of hide and seek? And what are these buildings now, am I a character in a movie within a movie? Just like art is only *l'art pour l'art?*

... Desperately seeking JAK ...[9]

The inner space of the soul is the same and mysterious as the outer space; and just as the cosmonauts of the outer space cannot remain there, those of the inner space must return to earth, to everyday consciousness.[10]

schütteln vor Lachen, denn es ist ein sehr niedriger Eingang, wohl eher was für Zwerge – und ich denke an den Zwerg Gimli in seinem Fatalismus: *Den Tod als Gewissheit. Geringe Aussicht auf Erfolg. Worauf warten wir noch?*[8] So ein Blödsinn, als ob es hier um Leben oder Tod geht?! Aber ganz im Ernst, JAK, mir reicht es langsam – was soll dieses blöde Versteckspiel? Und was sind das jetzt schon wieder für Bauten, bin ich eine Figur in einem Film im Film? Genau wie Kunst nur *l'art pour l'art* ist?

... Desperatly seeking JAK ...[9]

Der Innenraum der Seele ist gleich und geheimnisvoll, wie der äußere Weltraum; und so wie die Kosmonauten des äußeren können auch die des inneren Weltraums nicht dortbleiben, sondern müssen auf die Erde, ins Alltagsbewusstsein zurückkehren.[10]

1 Einstürzende Neubauten, 1980 gegründet deutsche Band mit abstrakten, punkigen und experimentellem Einfluss um Blixa Bargeld.
2 *Metropolis,* 1927, Deutschland, Regie: Fritz Lang. Der Stummfilm in Schwarzweiß spielt in einer futuristischen Großstadt und thematisiert eine Zweiklassengesellschaft. Er ist ein Film des Expressionismus und gilt als erster Science-Fiction Film in Spielfilmlänge. Besonders beeindruckend sind die gigantischen, architektonischen Konstruktionen mit Hochhäusern, übereinanderliegenden Autobahnen und einer verschachtelten Ober- und Unterstadt.
3 *TRON,* 1982, USA, Regie: Steven Lisberger. Der Spielfilm gilt mit seinen knapp 20 Min. computergenerierten Sequenzen als einer der ersten Filme, die in die Geschichte des CGI (computer generated imaginary) Geschichte geschrieben haben. Der Programmierer Flynn gerät selbst in ein Computerprogramm und die Ebenen zwischen Realität und Virtualität vermischen sich.
4 *Resonanz,* Hartmut Rosa, Berlin 2016, S. 115
5 *Truman Show,* 1998, USA, Regie: Peter Weir. Hauptdarsteller Truman Burbank wurde schon als Baby von einer Filmgesellschaft adopiert. Seitdem ist sein Leben eine Fernsehshow – er wächst unter einer gigantischen Studiokuppel einer gefakten Stadt auf. Eines Tages fällt ein Scheinwerfer vom Himmel und er wird misstrauisch.
6 *Mon Oncle,* 1958, Frankreich, Regie: Jaques Tati. Tati spielt den Außenseiter Monsieur Hulot, der tollpatschig durch die Persiflage einer sterilen und automatisierten Welt stolpert. Der Film gewann 1958 den Sonderpreis in Cannes und 1959 den Oscar.
7 *Das Ornament der Masse,* Siegfried Kracauer, Frankfurt 1963, S. 38
8 *The Lord of the Rings,* 2001, USA & New Zealand, Regie: Peter Jackson. Die epische Verfilmung der Fantasy Trilogie von J.R.R.Tolkien. Es ist die Geschichte eines Rings, mit seiner Vernichtung geht auch die böse Macht des Herrschers Sauron unter. 4 kleine Hobbits müssen wahrlich unmenschliche Abenteuer erleben, um Tolkiens Fantasiewelt zu retten. Insgesamt gewann der Film 17 Oscars.
9 *Desperatly seeking JAK aka Susan,* 1985, USA, Regie: Susan Seidelmann. Susan verzweifelt gesucht – diese Kontaktanzeige verändert das Leben der gelangweilten Hausfrau Roberta. Sie jagt Susan (Madonna) hinterher und mit dem Kauf ihrer Jacke beginnt eine rasante Verwechslungskomödie. Der Film wurde für den Golden Globe und den César nominiert.
10 Albert Hofmann, Schweizer Chemiker und Entdecker von LSD.

1 Einstürzende Neubauten, German band founded in 1980 with abstract, punk and experimental influence around Blixa Bargeld.
2 *Metropolis,* 1927, Germany, directed by Fritz Lang. The silent film in black and white is set in a futuristic city and thematises a two-class society. It is an expressionist film and is considered the first feature-length science fiction film. Particularly impressive are the gigantic architectural constructions with skyscrapers, motorways superimposed upon each other and a convoluted upper and lower city.
3 *TRON,* 1982, USA, directed by Steven Lisberger. With its almost 20 min. of computer-generated sequences, the feature film is considered one of the first films to make CGI (computer-generated imaginary) history. The programmer Flynn is himself caught up in a computer programme, and the levels between reality and virtuality become intermingled.
4 *Resonanz,* Hartmut Rosa, Berlin 2016, p. 115
5 *Truman Show,* 1998, USA, directed by Peter Weir. The main character, Truman Burbank, was adopted by a film company when he was still a baby. Since then. his life has been a TV show—he grows up under a gigantic studio dome of a fake city. One day a spotlight falls from the sky and he becomes suspicious.
6 *Mon Oncle,* 1958, France, directed by Jacques Tati. Tati plays the outsider Monsieur Hulot, who clumsily stumbles through the persiflage of a sterile and automated world. The film won the special prize at Cannes in 1958 and the Oscar in 1959.
7 *Das Ornament der Masse,* Siegfried Kracauer, Frankfurt 1963, p. 38
8 *The Lord of the Rings,* 2001, USA & New Zealand, directed by Peter Jackson. The epic film adaptation of the fantasy trilogy by J.R.R. Tolkien. It is the story of a ring, with its destruction, the evil power of the ruler Sauron also perishes. 4 little hobbits have to experience truly inhuman adventures to save Tolkien's fantasy world. The film won a total of 17 Oscars.
9 *Desperately seeking JAK aka Susan,* 1985, USA, directed by Susan Seidelman. Desperately seeking Susan—this personal ad changes the life of bored housewife Roberta. She chases after Susan (Madonna), and with the purchase of her jacket, a fast-paced comedy of mistaken identity begins. The film was nominated for the Golden Globe and the César.
10 Albert Hofmann, Swiss chemist and discoverer of LSD.

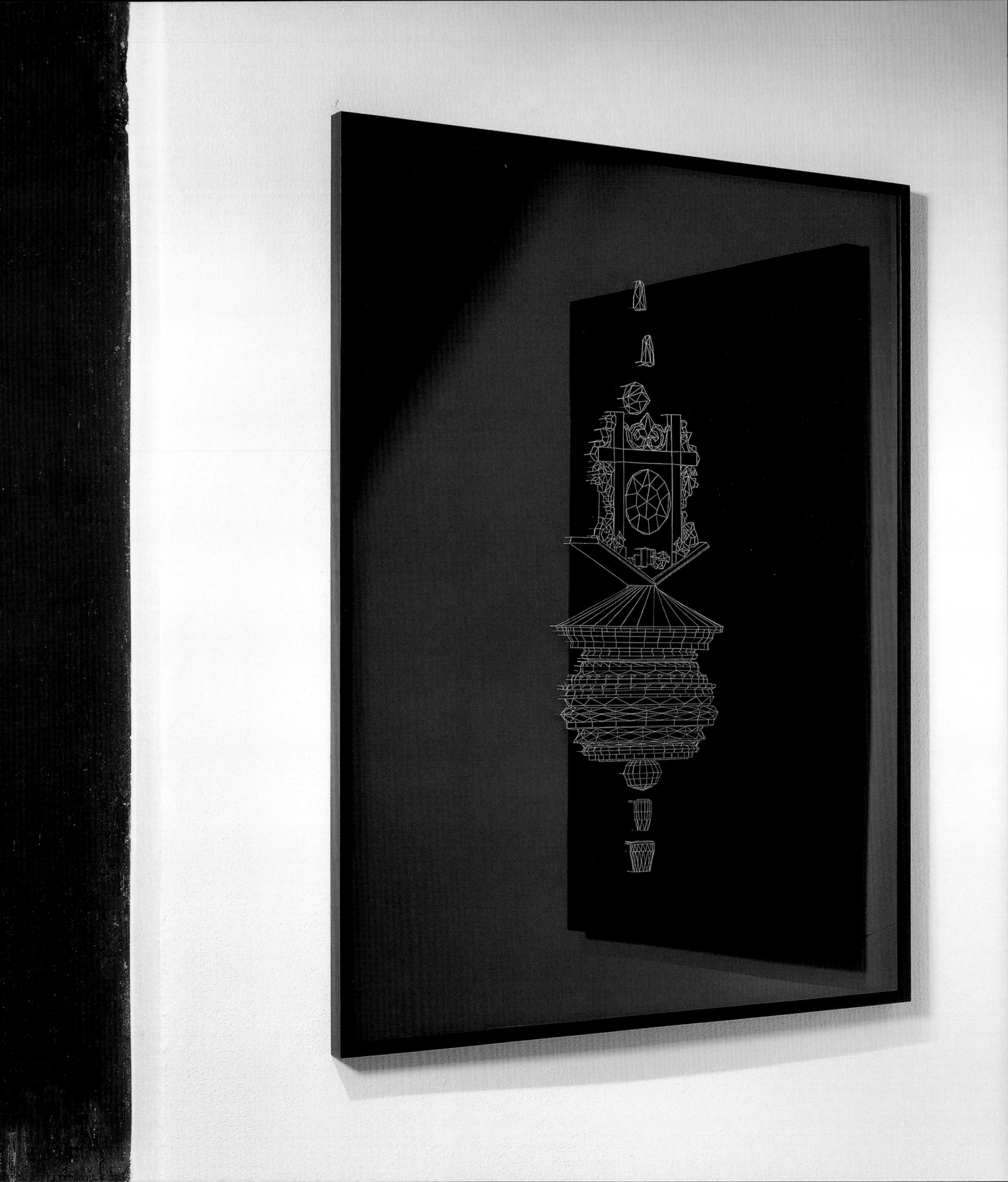

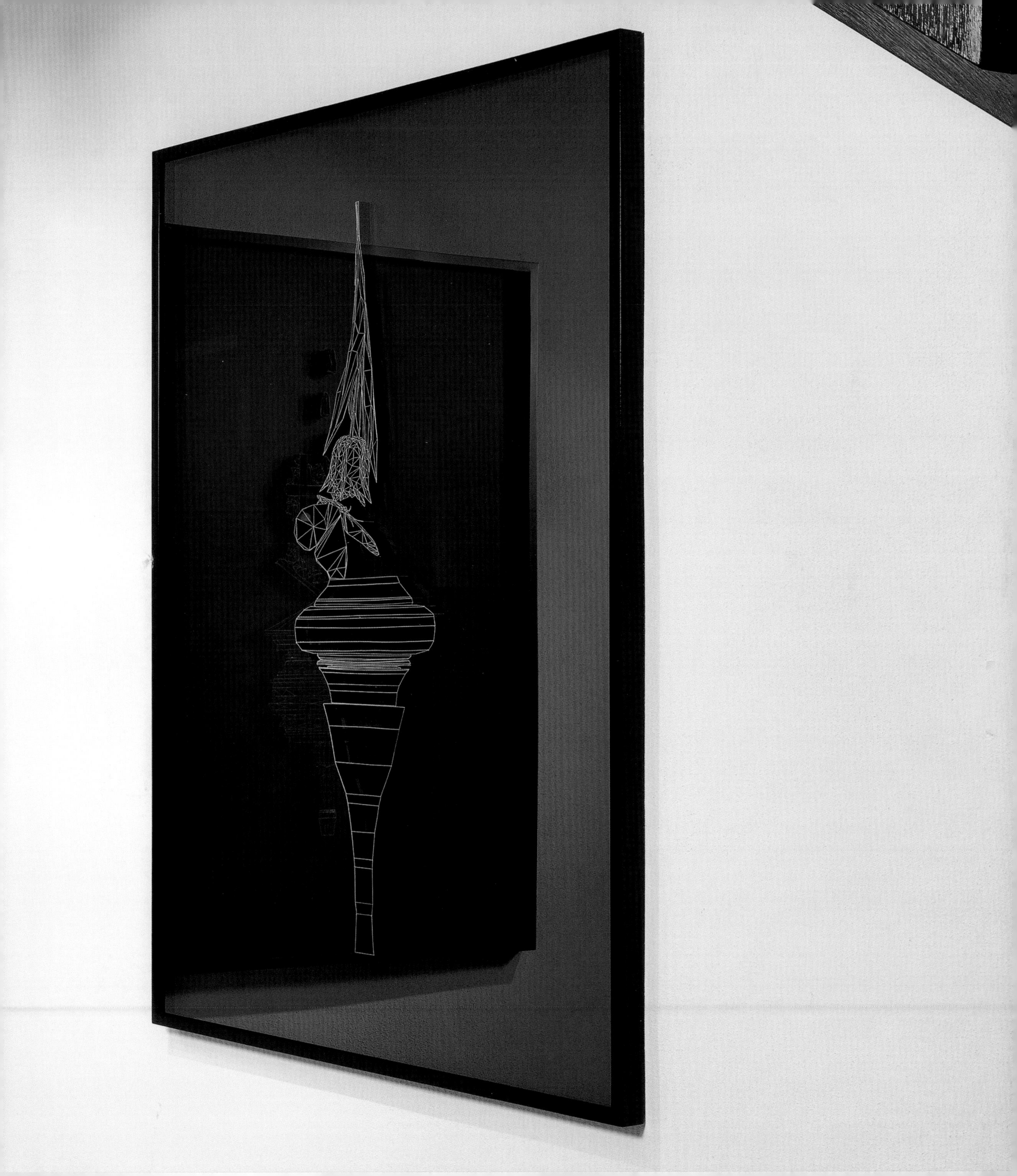

JAK – Versuch einer Annäherung in fünf Schritten

JAK— An Attempt at an Approach in Five Steps

Mathias Listl

DE JAK – nur diese drei, ohne Abstand aneinander gereihten Großbuchstaben. Mit Ausnahme des immer wieder auftauchenden, aber ebenfalls nicht weiter hilfreichen vorgestellten Zusatzes „atelier" geben keine weiteren Angaben Aufschluss über den oder die Künstler beziehungsweise Künstlerinnen eines ganzen Kosmos an Arbeiten in unterschiedlichsten Gattungen, Größen, Medien und Materialien. Was aber bedeutet JAK, was steckt hinter dieser Bezeichnung? Ist es der Name eines Künstlers – warum fehlt dann aber ein ergänzendes „E" oder „K", das die drei Versalien zu einem bekannten Vornamen machen würde. Oder verbirgt sich dahinter ein Kürzel, das auf eine oder mehrere reale Personen verweist?

Ganz bewusst spielt JAK mit dieser, auch hier nicht weiter aufgeschlüsselten Irritation, die in direktem Gegensatz zum Kult um die individuelle Handschrift und Ausdrucksform steht, wie er nicht nur die Wahrnehmung von Kunst, sondern auch den Handel mit ihr von der Frühen Neuzeit bis heute entscheidend prägt. Zu stark ist auch für uns noch immer die künstlerische Produktion mit der Vorstellung von dem allein vor sich hin arbeitenden Genie verbunden, als dass wir diese sich bei JAK unweigerlich einstellende Verwirrung einfach beiseite wischen könnten – auch wenn derartige Künstlersynonyme heute keine Seltenheit mehr sind. Ähnlich wie bei den seit den 1950er Jahren bereits vielfach stattgefundenen Versuchen, ein „Werk ohne Autor" zu schaffen, so ist es auch in diesem Fall erklärtes Ziel, nicht die Person des Künstlers oder der Künstlerin, sondern im Umkehrschluss vielmehr deren Schaffen in den Mittelpunkt des Interesses zu rücken und ihm die volle Aufmerksamkeit zu teil werden zu lassen.

Da eine Annäherung über den oder die Künstler*innen also hier nicht weiterführt und schließlich in einer Sackgasse endet, gilt es, JAK stattdessen über – genau – das Werk – das übergeordnete Œuvre wie auch das einzelne Kunstobjekt – zu lesen und nach und nach verstehen zu lernen, wenn auch nicht immer vollständig zu begreifen. Ähnlich wie bei der Frage nach dem oder den Künstlerindividuen stößt man hier aber auf die nächste Hürde, die einen allzu leichten Zugang verwehrt. Denn auch hinsichtlich der Eigenständigkeit der einzelnen Werke von JAK ist eine derart klare Abgrenzung, inwieweit das jeweilige Objekt als autonome, für sich stehende

EN JAK—just these three capital letters, strung together without spacing. With the exception of the "atelier" ("studio") suffix, which appears again and again but is equally unhelpful, no further information is given about the female or male artist(s) of a whole cosmos of works in the most diverse genres, sizes, media and materials. But what does JAK mean? What is behind this designation? Is it the name of an artist—but why is there no accompanying "E" or "K" that would make the three capitals a familiar first name? Or is it an abbreviation that refers to one or more real persons?

JAK quite deliberately plays with this irritation, which is not further disclosed here either, and which stands in direct contrast to the cult of the individual trademark and form of expression, as it has decisively shaped not only the perception of art but also the trade in it from the early modern period to the present day. For us, too, artistic production is still too strongly linked with the idea of the genius working alone to be able to simply brush aside this confusion that inevitably arises with JAK—even if such artist synonyms are no longer rare today. Similar to the many attempts since the 1950s to create a "work without an author", the declared aim in this case is not to place the person of the artist at the centre of interest, but rather, conversely, to focus on his or her work and to give it full attention.

Since an approach via the female or male artist(s) does not lead anywhere here and ultimately ends in a dead end, it is necessary to read JAK instead via—precisely—the work—the overarching oeuvre as well as the individual art object—and to progressively learn to understand it, even if not always to fully comprehend it. Similar to the question of the individual artist(s), however, one encounters the next hurdle here that denies all too easy access. For even with regard to the autonomy of JAK's individual works, it is ultimately impossible to draw such a clear delineation as to what extent the respective object is to be considered an autonomous form of expression in its own right. Overarching considerations, games with levels, dependencies and references tie the individual works, made in very diverse media and materials, too clearly together. At the same time, however, the small in the large always retains its autonomous expressiveness and can—seen without the superordinate context—also exist for itself. This paradox,

Ausdrucksform zu gelten hat, letztlich nicht zu ziehen. Zu klar binden übergreifende Überlegungen, Spiele mit Ebenen, Abhängigkeiten und Bezügen die einzelnen, in ganz unterschiedlichen Medien und Materialien gefertigten Arbeiten fest aneinander. Gleichzeitig behält das Kleine im Großen aber immer seine autonome Ausdrucksfähigkeit und kann – ohne den übergeordneten Zusammenhang gesehen – auch für sich selbst bestehen. Dieses nur scheinbare Paradoxon zeigt sich besonders prägnant an der Gruppe der *Indiscribable Scenes,* deren kleinste, nahezu mikroskopische Einheit langrechteckige, nur wenige Zentimeter messende Kuben aus Epoxidharz bilden. In ihrem Inneren bergen diese transparenten, tatsächlich genau der Größe gläserner Objektträger von Mikroskopen entsprechenden Kleinstobjekte jeweils eine auf Overheadfolie gemalte Acrylminiatur. Diese filigranen Fingerübungen stellen wiederum den gedanklichen Ausgangspunkt eines anderen Werkkomplexes dar. Die auf ihnen festgehaltenen Szenerien sind nämlich Entwürfe für Filmszenen und verweisen auf das in diesem Medium angesiedelte, von JAK seit 2013 kontinuierlich verfolgte Projekt *Soul Blindness,* auf das Annika Schoemann in ihrem Essay im Detail eingeht. Parallel dazu gehen die einzelnen Epoxidharzkuben mitunter aber auch mit ihren Artgenossen eine Verbindung ein und schließen sich zu den unterschiedlichsten, von Präsentation zu Präsentation auch immer wieder neu zusammengesetzten Formationen zusammen. Wie Kristalllüster, die nicht nur aus weißen, sondern aus verschiedenfarbigem Glaselementen bestehen, können diese Gefüge von der Decke herabhängen oder in kompakterem Verbund als skulpturales Objekt vom Boden emporwachsen. Aber der Weg vom Kleinen zum Großen ist keine Einbahnstraße. Dass auch die umgekehrte Richtung von JAK begangen wird, zeigen etwa einzelne Requisiten des genannten Filmprojektes, die – aus diesem Zusammenhang isoliert und in überdimensionale Form gebracht – als autonomes Kunstwerk in Erscheinung treten können. Ähnliches gilt schließlich auch für die Werkgruppe *I,* deren einzelne Arbeiten sich aus dem minutiösen Aneinanderfügen von hauchdünnem, exakt in die jeweils gewünschte Position gebrachtem Aluminiumpapier ergeben. Die Ausgangsbasis dieser hochkant nicht auf den schwarzen Grund, sondern auf ihre Verglasung gesetzten Kompositionen, die gerade durch diesen Kunstgriff

which is only apparent, is particularly striking in the group of *Indiscribable Scenes,* whose smallest, almost microscopic unit consists of long rectangular cubes of epoxy resin measuring only a few centimetres. Inside these transparent miniature objects, which are in fact exactly the size of glass microscope slides, there is an acrylic miniature painted on overhead transparency. These filigree finger exercises, in turn, represent the intellectual starting point of another complex of works. The scenes captured on them are in fact sketches for film scenes and refer to the *Soul Blindness* project, which is based in this medium and has been continuously pursued by JAK since 2013, and which Annika Schoemann discusses in detail in her essay. In parallel, however, the individual epoxy resin cubes sometimes also enter into a connection with their fellow species and join together to create the most diverse formations, which are also repeatedly reassembled from presentation to presentation. Like crystal chandeliers, which consist not only of white but also of different coloured glass elements, these structures can hang down from the ceiling or grow up from the floor as sculptural objects in a more compact compound. The path, however from the small to the large is not a one-way street. That JAK also goes in the opposite direction is shown, for example, by individual props from the aforementioned film project, which—isolated from this context and transformed into an oversized form—can appear as an autonomous work of art. Finally, the same applies to *Werkgruppe I (Work Group I),* whose individual works are the result of the meticulous joining together of wafer-thin aluminum paper, brought exactly into the desired position in each case. The starting base for these compositions, which are not set on edge on the black ground but on its glazing and which develop an extreme spatial depth effect precisely through this artifice, are in turn backdrops, protagonists or props taken from the film *Soul Blindness*. However, the question of which individual work determines which other, what emerged from what, is often idle to answer and ultimately irrelevant before the final result of a mutually interpenetrating overall œuvre by JAK that can be expanded at any time with new offshoots and play-offs.

What already becomes clear from the few works just mentioned is another essential feature of her/his—or their?—work. In addition to jumping

eine extreme räumliche Tiefenwirkung entwickeln, bilden dabei wiederum Kulissen, Protagonisten oder Requisiten, die dem Film *Soul Blindness* entstammen. Die Frage, welches Einzelwerk welches andere bedingt, was aus was hervorging, ist aber oftmals müßig zu beantworten und letztlich unerheblich vor dem finalen Ergebnis eines sich gegenseitig durchdringenden, jederzeit mit neuen Ablegern und Ausspielungen zu erweiternden Gesamtœuvres von JAK.

Was bereits anhand der wenigen gerade genannten Arbeiten deutlich wird, ist ein weiteres wesentliches Charakteristikum in dessen – oder deren? – Schaffen. Neben dem Hin und Herspringen zwischen unterschiedlichen künstlerischen Gattungen – von der illustrativen Zeichnung und Malerei über skulpturale bis installative, textbezogene wie auch kinetische Arbeiten bis hin zum Film – ist dies nicht zuletzt auch das Experimentieren mit unterschiedlichen Materialien und handwerklichen Techniken wesentliches Merkmal von JAK. Denn keramische Objekte, Fotografien, Licht und Sound kommen genauso immer wieder zum Einsatz wie das schon erwähnte, filigran aneinandergefügte Aluminiumpapier, Holz, Acrylglas oder – als Ausgangsmaterial für schriftbasierte Arbeiten – gedruckter, meist entscheidend weiterbearbeiteter Text. So entzieht sich JAK nicht nur durch seinen verunklärenden und auf manche falsche Fährte lockenden Namen, sondern vor allem auch durch die Vielseitigkeit und Wandelbarkeit seines künstlerischen Ausdrucks einer allzu leichten Kategorisierung und eindeutigen Zuordnung.

Diese fehlende Eindeutigkeit und unklare Zuweisung ist schließlich auch in der immer wieder thematisierten *Soul Blindness* greifbar, die wie ein roter Faden das Œuvre von JAK durchzieht. Dieser mit Seelenblindheit zu übersetzende Krankheitszustand beschreibt eine kognitive Störung, deren Patienten zwar einen visuellen, auditiven oder olfaktorischen Sinneseindruck wahrnehmen, diesen aber nicht die jeweils angestammte, allgemein zugeordnete Bedeutung oder Bezeichnung zuweisen können. An diesem, in der Fachsprache als assoziative Agnosie beschriebenem Krankheitsbild leidet nicht nur der Hauptprotagonist des Filmprojekts *Soul Blindness*. Auch wir als Betrachter der Arbeiten von JAK – so scheint es – werden in diesen Zustand der permanenten Unklarheit und Unkenntnis über

back and forth between different artistic genres—from illustrative drawing and painting to sculptural, installation, text-related and kinetic works and film—another essential characteristic of JAK is the experimentation with different materials and artisanal techniques. Ceramic objects, photographs, light and sound are used again and again, as are the aforementioned, filigree aluminum paper, wood, acrylic glass or—as the source material for writing-based works—printed, mostly significantly processed text. Thus, JAK eludes all too easy categorisation and unambiguous classification, not only through its obscuring name, which can lead one down the wrong path, but above all through the versatility and changeability of its artistic expression.

This lack of clarity and ambiguous attribution is ultimately also tangible in the recurring theme of *Soul Blindness,* which runs through JAK's œuvre like a red thread. This state of illness, which can be translated as soul blindness, describes a cognitive disorder whose patients perceive visual, auditory or olfactory sensory impressions, but are unable to assign them their respective, generally attributed meaning or designation. It is not only the main protagonist of the film project *Soul Blindness* who suffers from this disease, which is described in technical language as associative agnosia. We as viewers of JAK's works—it seems—are also put into this state of permanent ambiguity and ignorance about our sensory impressions. Many things are suspended not only when we look at them or enter them, an impression that is often additionally reinforced in the installation works by the use of mirrors, a strong shade of green or a sophisticated lighting regulation. But even when reflecting more closely on JAK's works, one ends up in all too unclear realms. The described in-between or grey areas of supposedly clear but suddenly wavering definitions of artistic production and working methods open up before one and generate questions that unsettle fundamental issues.

Thus, it is precisely this indistinctness, the blurring and negation of all-too-easy comprehensibility and the persistence in or fathoming of intermediate areas that distinguishes JAK. At the same time, there is a conceptual rigour and clarity that has been consistently maintained over the years, which makes such a complex, interwoven work with numerous cross-references possible in the first

unsere Sinneseindrücke versetzt. Vieles gerät nicht nur bei ihrem Betrachten oder Betreten ins Schweben, ein Eindruck, der in den installativen Arbeiten oftmals etwa durch den Einsatz von Spiegeln, einem starken Grünton oder einer ausgeklügelten Lichtregie zusätzlich verstärkt wird. Aber auch beim genaueren Reflektieren über die Werke von JAK gerät man in allzu undeutliche Gefilde. Die beschriebenen Zwischen- oder Graubereiche vermeintlich klarer, plötzlich aber ins Schwanken geratender Definitionen künstlerischer Produktions- und Arbeitsweisen tun sich vor einem auf und erzeugen Fragen, die an Wesentlichem rütteln.

So ist es letztlich gerade diese Undeutlichkeit, das Verwischen und Negieren allzu leichter Verständlichkeit und das Verharren in beziehungsweise Ausloten von Zwischenbereichen, das JAK auszeichnet. Dazu gesellt sich gleichzeitig eine über die Jahre hinweg äußerst konsequent durchgehaltene konzeptuelle Strenge und Klarheit, die ein derart komplexes, mit zahlreichen Querverweisen ineinander verwobenes Werk erst ermöglicht und entstehen lässt. Auch wenn sich JAK nicht eindeutig entschlüsseln lässt, so nähert man sich seinem Kosmos also vielleicht am besten genau in dieser Unschärfe und Uneindeutigkeit an.

place. Even if JAK cannot be clearly deciphered, it is perhaps best to approach his cosmos precisely in this fuzziness and ambiguity.

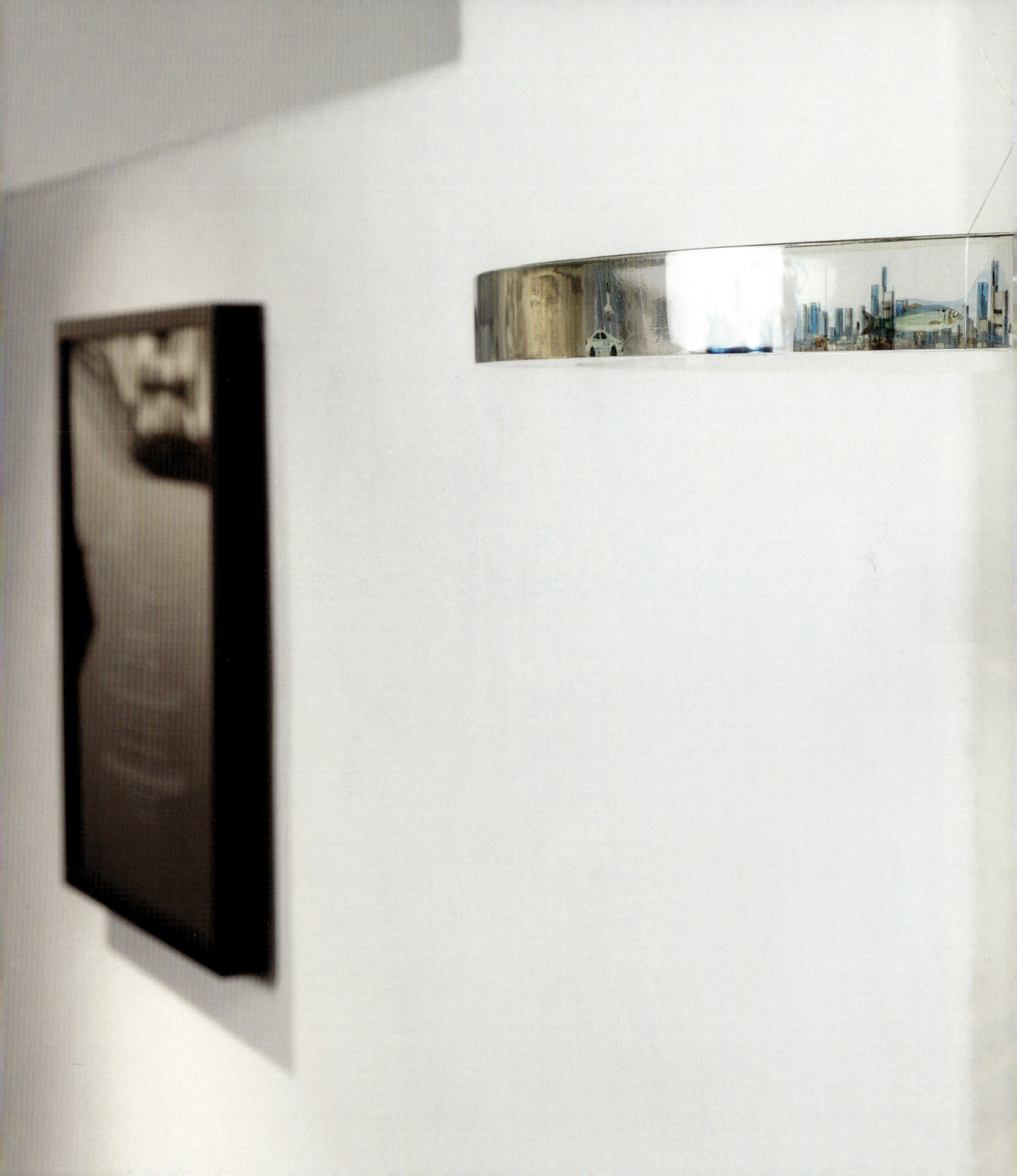

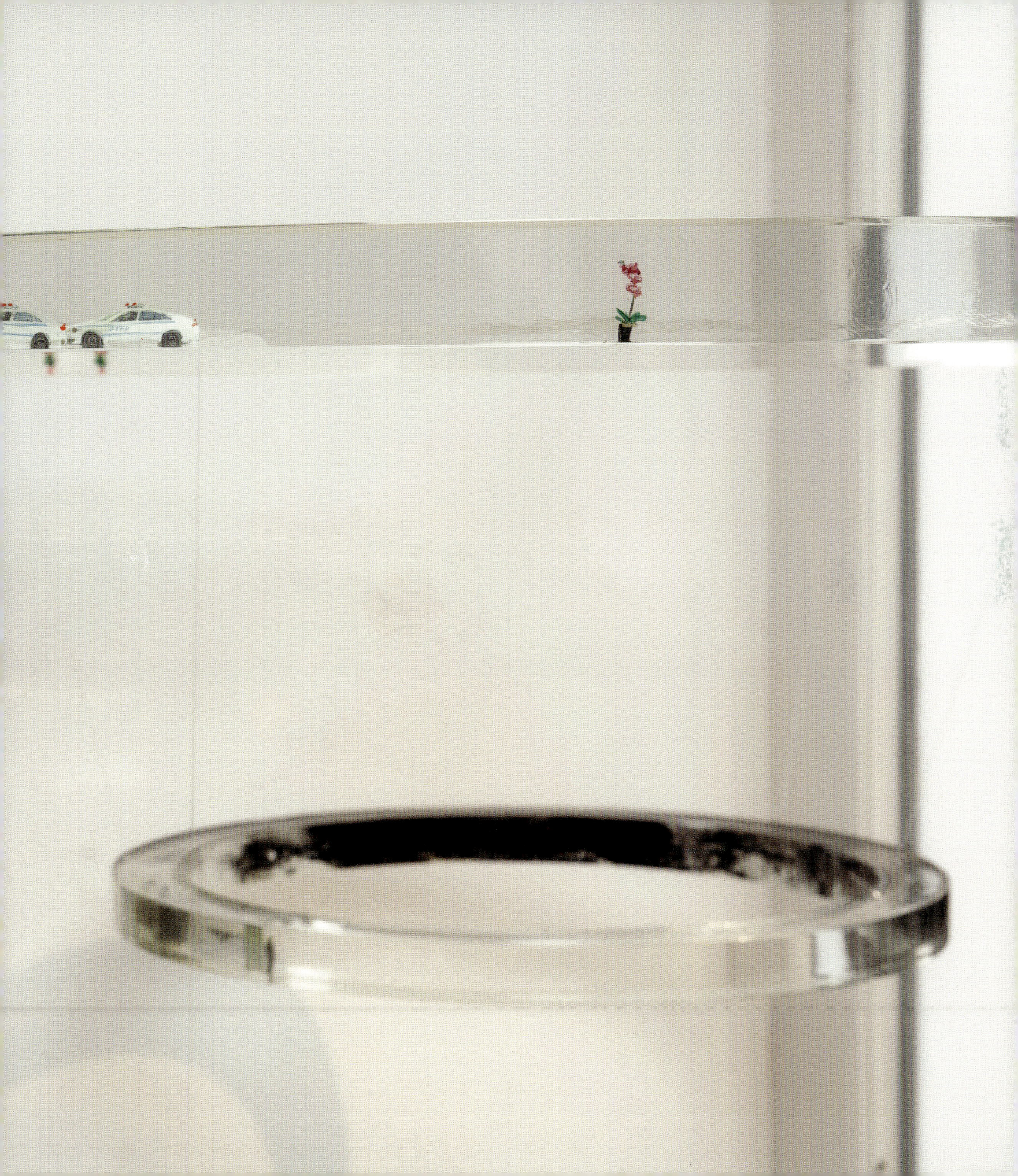

Faulty Reveries

Isabelle Lesmeister

DE Im Sommer des Jahres 2020, dem ersten Jahr der Corona Pandemie, kam es zu einer schicksalhaften Begegnung. Unter den Renaissancearkaden im mittelalterlichen Innenhof meiner Galerie traf ich auf JAK. Damit nahm alles seinen Lauf.

JAK wurde von einer psychiatrischen Gutachterin eine dissoziative Identitätsstörung diagnostiziert. In der Tat scheint JAK mehrere Persönlichkeiten zu besitzen, wie es sich schon bei unserem ersten Treffen manifestierte. Einerseits ist er vor Ideen sprudelnd und diese auch anschaulich kundtuend andererseits bedacht und auch nach dem fünften Kaffee noch in sich ruhend und hoch konzentriert, mit nur wenigen aber pointierten Kommentaren am Gespräch teilhabend.

Mit der Identitätsstörung nicht genug. JAK leidet seit mehreren Jahren an visueller Agnosie. Einer neuropsychologischen Störung, bei der Betroffene ihre Umgebung zwar sehen können, jedoch nicht in der Lage sind, Gegenstände und Gesichter zu erkennen bzw. sie funktional zuzuordnen oder in einen Kontext zu stellen.

Der Charakter JAK steht im Zentrum des künstlerischen Schaffens von atelierJAK, bestehend aus Jangyoung Jung (*1973 in Korea) und Andreas Geisselhardt (*1974 in Deutschland). Ihre Arbeiten entstehen in einem eigenen gedanklichen Raum – zwischen Realität und Wirklichkeit. Die Realität unterscheidet sich dadurch von der Wirklichkeit, dass sie auch das Mögliche enthält und Wirklichkeit als tatsächlich geschehende Verwirklichung einer Möglichkeit zu betrachten ist, die im Gegensatz zur reinen Möglichkeit und zum Schein steht. Gefühle, Empfindungen und Wahrnehmungen können der Wirklichkeit zugeordnet werden. So kann der Mensch niemals die Realität wahrnehmen und erfassen, weil er sie allein durch den Versuch schon zu seiner subjektiven Wirklichkeit werden lässt.

Seit einigen Jahren arbeitet atelierJAK an dem Filmprojekt *Soul Blindness.* Die Geschichte des Films erzählt den Umgang des Akteurs JAK mit der visuellen Agnosie, einer Krankheit, die im Deutschen auch Seelenblindheit genannt wird. Im Gegensatz zu herkömmlichen Filmproduktionen hat *Soul Blindness* kein vorgefertigtes Drehbuch. Die Filmhandlung entwickelt sich mit jeder Ausstellung und mit jedem Kunstwerk weiter, bis final 30 Filmabschnitte vorliegen, jeder exakt 3 Minuten lang. Diese Vorgehensweise

EN In the summer of 2020, the first year of the Corona pandemic, a fateful encounter occurred. I happened to meet JAK under the Renaissance arcades in the medieval courtyard of my gallery. With that, everything took its course. JAK was diagnosed with dissociative identity disorder by a psychiatric evaluator. In fact, JAK seems to have several personalities, as it manifested itself during our first meeting. On the one hand, he is bubbling over with ideas and also expresses them vividly; on the other hand, he is considerate and, even after the fifth coffee, still resting in himself and highly concentrated, participating in the conversation with only a few but trenchant comments.

Not enough with the identity disorder. JAK has been suffering from visual agnosia for several years. This is a neuropsychological disorder in which those affected can see their surroundings but are unable to recognise objects and faces or to allocate them functionally or place them in a context.

The character JAK is at the centre of the artistic work of atelierJAK, consisting of Jangyoung Jung (*1973 in Korea) and Andreas Geisselhardt (*1974 in Germany). Their works are created in their own mental space - between reality and actuality. Reality differs from actuality in that it also contains the possible, and actuality is to be regarded as the actual realisation of a possibility, which stands in contrast to pure possibility and semblance. Feelings, sensations and perceptions can be assigned to actuality. Thus, humankind can never perceive and grasp reality because it already lets it become its subjective reality just by trying.

For several years, atelierJAK has been working on the film project *Soul Blindness.* The story of the film tells the protagonist JAK's dealings with visual agnosia, a disease also called "soul blindness" in German. Unlike conventional film productions, *Soul Blindness* has no prefabricated script. The film plot evolves with each exhibition and each work of art until there are finally 30 film segments, each exactly 3 minutes long. This approach allows atelierJAK to develop not only the plot itself further, but also the setting. The individual works, sculptures, installations interact, become props and in their interplay form the backdrop for the film. Thereby, a variety of artistic means and media are used. In addition to sculpture, drawing, writing and language, the application

ermöglicht atelierJAK nicht nur die Handlung an sich, sondern auch den Schauplatz immer weiter zu entwickeln. Die einzelnen Arbeiten, Skulpturen, Installationen treten in Interaktion, werden zu Requisiten und bilden in ihrem Zusammenspiel die Kulisse für den Film. Dabei kommt eine Vielfalt an künstlerischen Mitteln und Medien zum Einsatz. Neben Skulptur, Zeichnung, Schrift und Sprache, spielt auch die Verwendung digitaler Verfahren eine entscheidende Rolle. Mit Hilfe von 3D-Scannern werden exakte szenische Entwürfe vorab am Computer modelliert und anschließend detailliert von Hand als räumliche Körper oder Linien umgesetzt (*I*-Serie). Es findet so eine ständige künstlerische Übersetzung zwischen digitalen und analogen Verfahren statt.

Nicht einmal ein Jahr ist seit unserem schicksalhaften Treffen vergangen. Die Pandemie hat die Welt immer noch fest im Griff. Doch die Geschichte von JAK muss weitergeschrieben werden. Mit Hochdruck arbeitete atelierJAK an der Weiterentwicklung der Filmhandlung und deren künstlerischen Umsetzung. In ihrer ersten Einzelausstellung in meiner Galerie zeigen Jung und Geisselhardt mit der irrwitzigen Anzahl von knapp 600 Kunstwerken neue Szenen, Requisiten und Settings des Films *Soul Blindness*.

Die Ausstellung trägt den Titel *Faulty Reveries — Fehlerhafte Träumereien.* Ein Oxymoron schon im Titel. Können Träumereien fehlerhaft sein? Wer befindet darüber? Der Moment, wenn Träumereien Realität werden, aber eben nicht so wie erträumt? Falsch geträumt? Träume sind Schäume ... aber fehlerhaft?

Der Besucher betritt die Galerie und steht sogleich vor einer silbrig oszillierenden, raumgreifenden Arbeit gefertigt aus hunderten spiegelpolierten Stahlplättchen. Die 2,40 m hohe Wandarbeit ist eigens für die Ausstellung entstanden und die erste ihrer Art, die das Künstlerduo realisiert hat. Die geometrische Abstraktion und das Zusammenspiel von Licht, Schatten und Spiegelung erschwert dem Betrachter das Erkennen des Dargestellten. Sein Blick ist auf einen Punkt gerichtet, der klar und deutlich erscheint während der Rest der Wandarbeit im Augenwinkel flirrend verschwimmt. Der Betrachter sieht, aber erkennt nicht gleich die geometrisch abstrahierte, aber doch figurative Darstellung von vier Beinen, deren Fußspitzen sich treffen, wie beim Tanz oder beim Herzeigen neuer Schuhe.

of digital processes also plays a decisive role. With the help of 3-D scanners, exact scenic designs are modelled in advance on the computer and then realised in detail by hand as spatial bodies or lines (I-series). There is thus a constant artistic translation between digital and analogue processes.

Not even a year has passed since our fateful meeting. The pandemic still has a firm grip on the world. However, the story of JAK must continue to be written. atelierJAK worked at full speed on the further development of the film plot and its artistic realisation. In their first solo exhibition in my gallery, Jung and Geisselhardt show new scenes, props and settings from the film *Soul Blindness* with the mind-boggling number of almost 600 artworks.

The exhibition is entitled *Faulty Reveries.* An oxymoron already in the title. Can reveries be faulty? Who decides? The moment when dreams become reality, but not as they were dreamed? Falsely dreamed? Dreams are but shadows ... but faulty?

The visitor enters the gallery and immediately stands in front of a silverily oscillating, expansive work made of hundreds of mirror-polished small steel plates. The 2.40 m high wall piece was created especially for the exhibition and is the first of its kind to be realised by the artist duo. The geometric abstraction and the interplay of light, shadow and mirroring make it difficult for the viewer to recognise what is being depicted. His gaze is directed to a point that appears clear and distinct, while the rest of the wall work blurs shimmeringly in the corner of his eye. The viewer sees but does not immediately recognise the geometrically abstracted yet figurative representation of four legs whose foot tips meet, as in dancing or showing off new shoes.

A considerably smaller wall piece shows a rabbit sitting under a chair. The rabbit in normal view, the chair in bottom view, seen from the camera's perspective. The change of perspective in one and the same work also leads to difficulties for the viewer to immediately recognise and understand the things he or she sees.

A man, perhaps JAK, stands at a respectful distance in front of a large, gnarled tree that is so big and old that the man has to maintain a certain distance in order to grasp the tree in its entirety. His hands are casually shoved into his jacket pockets, and he gazes at the majestically grown tree with

Eine weitaus kleinere Wandarbeit zeigt ein Kaninchen, das unter einem Stuhl sitzt. Das Kaninchen in Normalsicht, der Stuhl in Untersicht, aus Kameraperspektive gesehen. Der Perspektivwechsel in ein und derselben Arbeit führt auch hier zu Schwierigkeiten beim Betrachter, das Gesehene sofort zu erkennen und zu verstehen.

Ein Mann, vielleicht JAK, steht mit respektvollem Abstand vor einem großen, knorrigem Baum, der so groß und alt ist, dass der Mann einen gewissen Abstand wahren muss um den Baum in seiner Ganzheit zu erfassen. Die Hände hat er lässig in seine Jackentaschen geschoben und betrachtet mit erhobenen Kopf den majestätisch gewachsenen Baum. Mann und Baum, sonst nichts. Kein Horizont, Hintergrund oder Boden. Frei schweben Mann und Baum auf einer imaginären Grundlinie. Die Umrisse der beiden Motive wurden in langwieriger Arbeit am Computer mit geometrischen Linien gefüllt, die durch ihre Anordnung die Dreidimensionalität der Körper suggeriert. Eine feine silberne Linienzeichnung ist das Produkt von digitaler, planerischer Vorarbeit und minutiöser Handarbeit, die nötig ist, um das feine Aluminiumpapier zu falten und zu verkleben. Was frontal betrachtet wie eine Zeichnung aussieht, verschiebt sich ins Dreidimensionale, sobald der Besucher aus verschiedenen Winkeln das Bild betrachtet. Das vorher so genaue und scharfe Bild verfremdet sich und ist nur noch schwer zu erkennen. Unterstützt wird dieser Effekt von Flirren und Verschwimmen auch durch die Spiegelreflexe die vom Aluminiumpapier auf den tiefschwarzen Hintergrund fallen.

Genau darum geht es atelierJAK. Bei ihren Arbeiten spielen die beiden Künstler mit der Erkrankung, der visuellen Agnosie des Hauptakteurs JAK und den Betrachtern, die dazu eingeladen sind, in die bildgewordene Welt von JAK einzutauchen.

Indescribable Scenes II bezeichnet eine schwebende Installation aus fünf verschieden großen Epoxidharzringen. Miniaturhafte Szenerien werden mit Acryl auf Overheadfolie gemalt und anschließend perspektivisch angeordnet in Epoxidharz gegossen. Die Form der Ringe erinnert auch an Filmloops, unendliche Schleifen von Aneinanderreihungen immer wiederkehrender Szenen. Bereits in den 1960er-Jahren entstanden erste Filmloopinstallationen und Video wurde als künstlerisches Medium entdeckt. Bis der Film *Soul Blindness* von atelierJAK mit allen

his head held high. Man and tree, nothing else. No horizon, background or ground. Man and tree float freely on an imaginary bottom line. The outlines of the two motifs were filled with geometric lines in protracted work on the computer, their arrangement suggesting the three-dimensionality of the bodies. A fine silver line drawing is the product of digital, planning preparatory work and meticulous manual labour that is necessary to fold and glue the fine aluminum paper. What looks like a drawing when viewed from the front shifts into the three-dimensional as soon as the visitor looks at the picture from different angles. The image, which was previously so precise and sharp, alienates itself and becomes difficult to recognise. This effect of shimmering and blurring is also supported by the mirror reflections that fall from the aluminum paper onto the deep black background.

This is exactly what atelierJAK is about. In their works, the two artists play with the illness, the visual agnisia of the main protagonist JAK and the viewers, who are invited to immerse themselves in JAK's pictorialised world.

Indescribable Scenes II is the title of a floating installation consisting of five epoxy resin rings of different sizes. Miniature-like scenes are painted with acrylic on overhead film and then cast in epoxy resin in a perspective arrangement. The shape of the rings is also reminiscent of film loops, endless loops of sequences of recurring scenes. The first film loop installations were created as early as the 1960s, and video was discovered as an artistic medium. Until atelierJAK's film *Soul Blindness* is completed with all 30 three-minute sequences, the individual existing sequences—so far a single one—can also be seen as loops in exhibitions by the two artists. atelierJAK works highly intermedially, transcending genre concepts, between feature film and experimental film, between video installations and stage construction, between sculpture and drawing, between science and art. An ever deeper dive into all the disciplines of film studies, psychology, literary studies and art, this is exactly what the film *Soul Blindness* demands, which seems to be the aim and the final point of atelierJAK.

The upper floor of the gallery was played host to an expansive installation consisting of almost 600 individual works. Hundreds of epoxy cubes,

30 dreiminütigen Sequenzen vollendet sein wird, sind die einzelnen bestehenden Sequenzen – bis dato eine einzige - in Ausstellungen der beiden Künstler auch als Loop zu sehen. atelierJAK arbeitet stark intermedial, über Genrebegriffe hinausgehend, zwischen Kino- und Experimentalfilm, zwischen Videoinstallationen und Bühnenbau, zwischen Bildhauerei und Zeichnung, zwischen Wissenschaft und Kunst. Ein immer tieferes Eintauchen in sämtliche Disziplinen der Filmwissenschaft, Psychologie, Literaturwissenschaft und Kunst, genau das fordert der Film *Soul Blindness*, der Ziel und Endpunkt des atelierJAK zu sein scheint.

Das obere Stockwerk der Galerie wurde mit einer raumgreifenden Installation aus knapp 600 Einzelarbeiten, bespielt. Hunderte von Epoxidkuben, die in monatelanger, fast schon meditativer Handarbeit entstanden sind, erstrecken sich über zwei komplette Wandflächen und zeigen ebenfalls miniaturhafte Entwürfe für Filmszenen, Requisiten und Settings. Jeder einzelne Kubus hat die Maße eines mikroskopischen Objekträgers: 2,6 × 7,6 cm die mit einer Tiefe von 2,6 cm ins Dreidimensionale erweitert wurden. Mikroskopisch genau, mit zur Hilfenahme der Wissenschaft, untersucht atelierJAK das Leben des Charakters JAK, dem Protagonisten ihres Films und mikroskopisch verkleinert eröffnet sich dem Betrachter in den Kuben wie in einer Art Miniaturschaukasten JAK's Welt, eingefroren in Filmstills. Aus einigen Kuben wurden dreiseitige Prismen herausgeschnitten. Damit verfremdet das Künstlerduo den dreidimensionalen Raum des Kubus und aus Perspektivwechseln des Betrachters ergeben sich Doppelungen, Spiegelungen und sogar auch das Verschwinden von den einzelnen Motiven. Die optische Täuschung ist perfekt und führt wiederum zur Verunsicherung des Betrachters zwischen Gesehenem und Erkennen.

Wir freuen uns sehr, dass die beiden Kuratoren Mathias Listl und Annika Schoemann ihre Gedanken zu atelierJAK in diesem Katalog in Worte gefasst haben und danken dem Staatsministerium für Kultur und Medien das durch das Programm Neustart Kultur diese Ausstellung und den Katalog unterstützt hat.

created in months of almost meditative handwork, extend over two complete wall surfaces and also show miniature designs for film scenes, props and settings. Each individual cube has the dimensions of a microscope slide: 2.6 × 7.6 cm, extended into three dimensions with a depth of 2.6 cm. Microscopically precise, with the aid of science, atelierJAK investigates the life of the character JAK, the protagonist of their film, and microscopically reduced, JAK's world opens up to the viewer in the cubes like in a kind of miniature showcase, frozen in film stills. Three-sided prisms have been cut out of some of the cubes. In this way, the artist duo alienates the three-dimensional space of the cube, and changes in the viewer's perspective result in doublings, reflections and even the disappearance of the individual motifs. The optical illusion is perfect and in turn leads to uncertainty on the part of the viewer between what is seen and what is recognised.

We are very pleased that the two curators Mathias Listl and Annika Schoemann have put their thoughts on atelierJAK into words in this catalogue, and we would like to thank the State Ministry for Culture and Media for supporting this exhibition and catalogue through the Neustart Kultur (New Start Culture) programme.

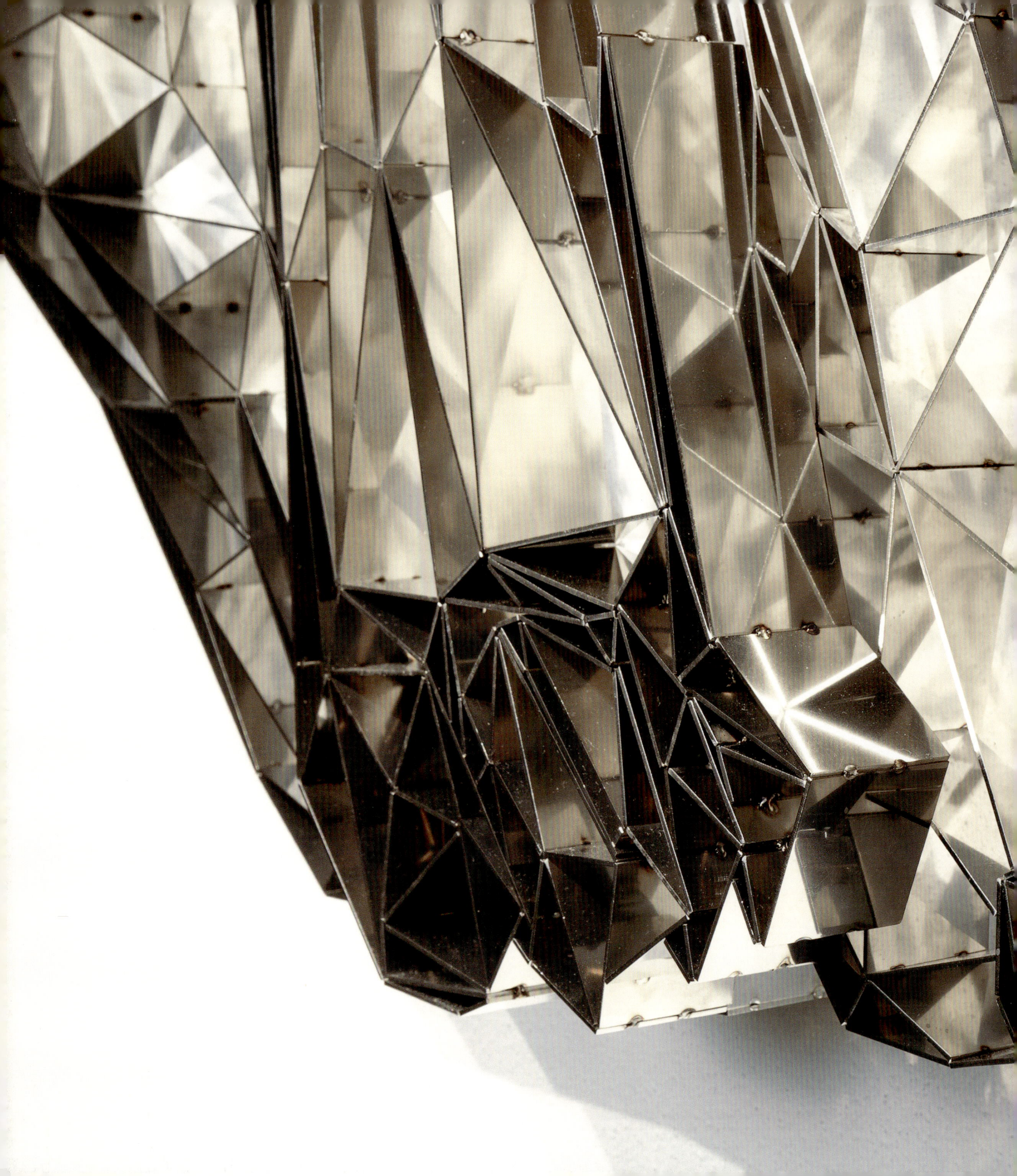

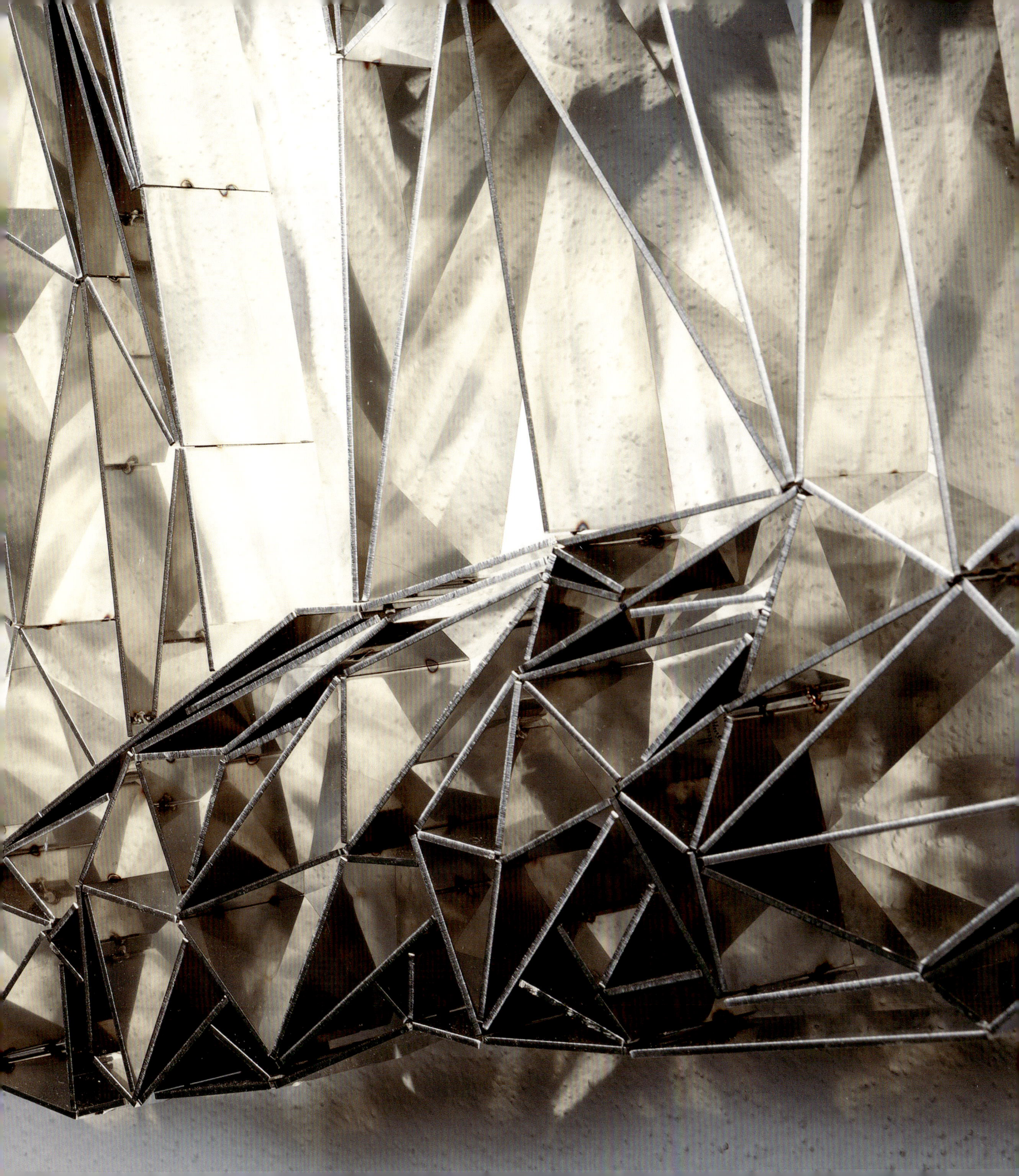

JULIA:

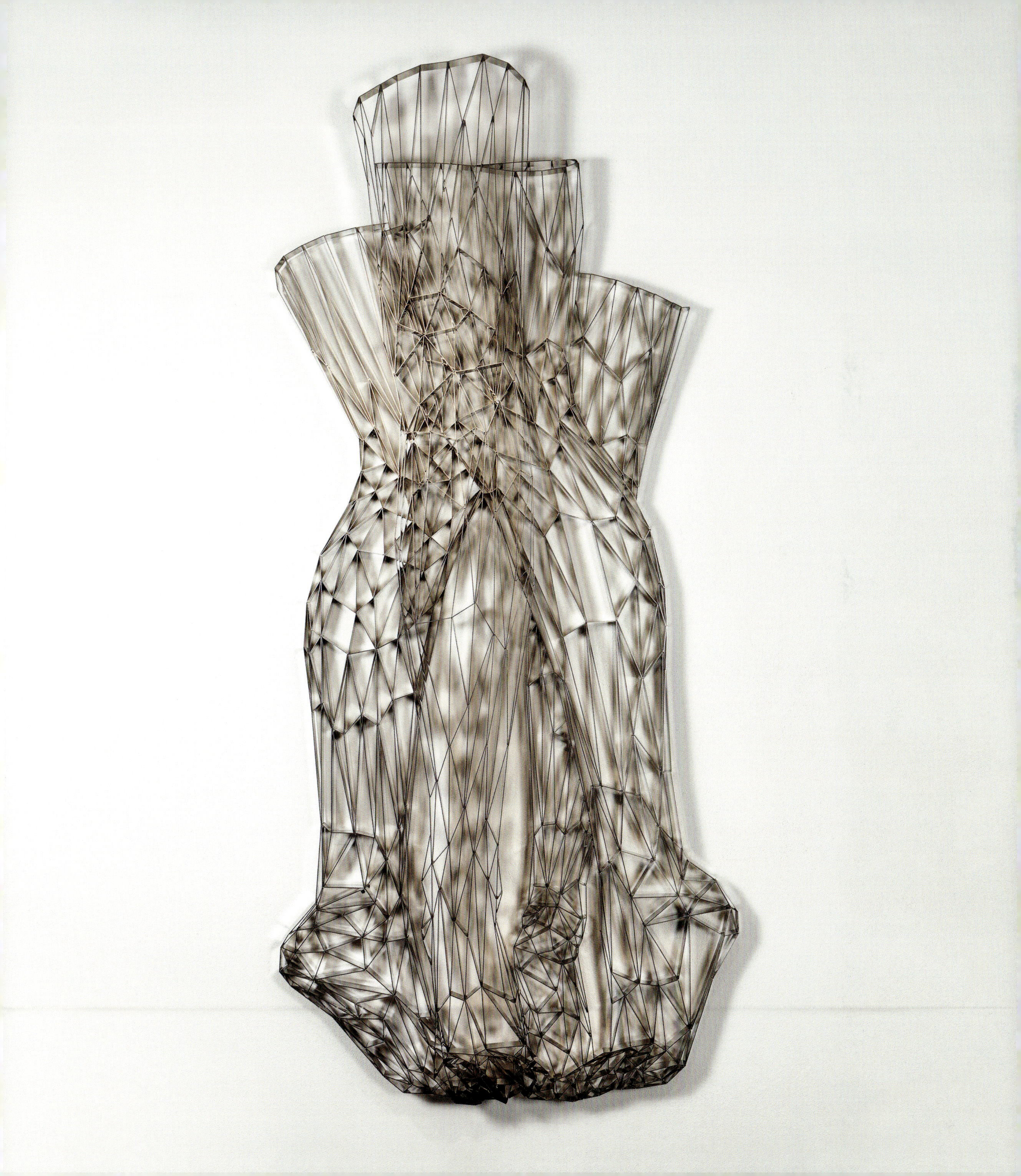

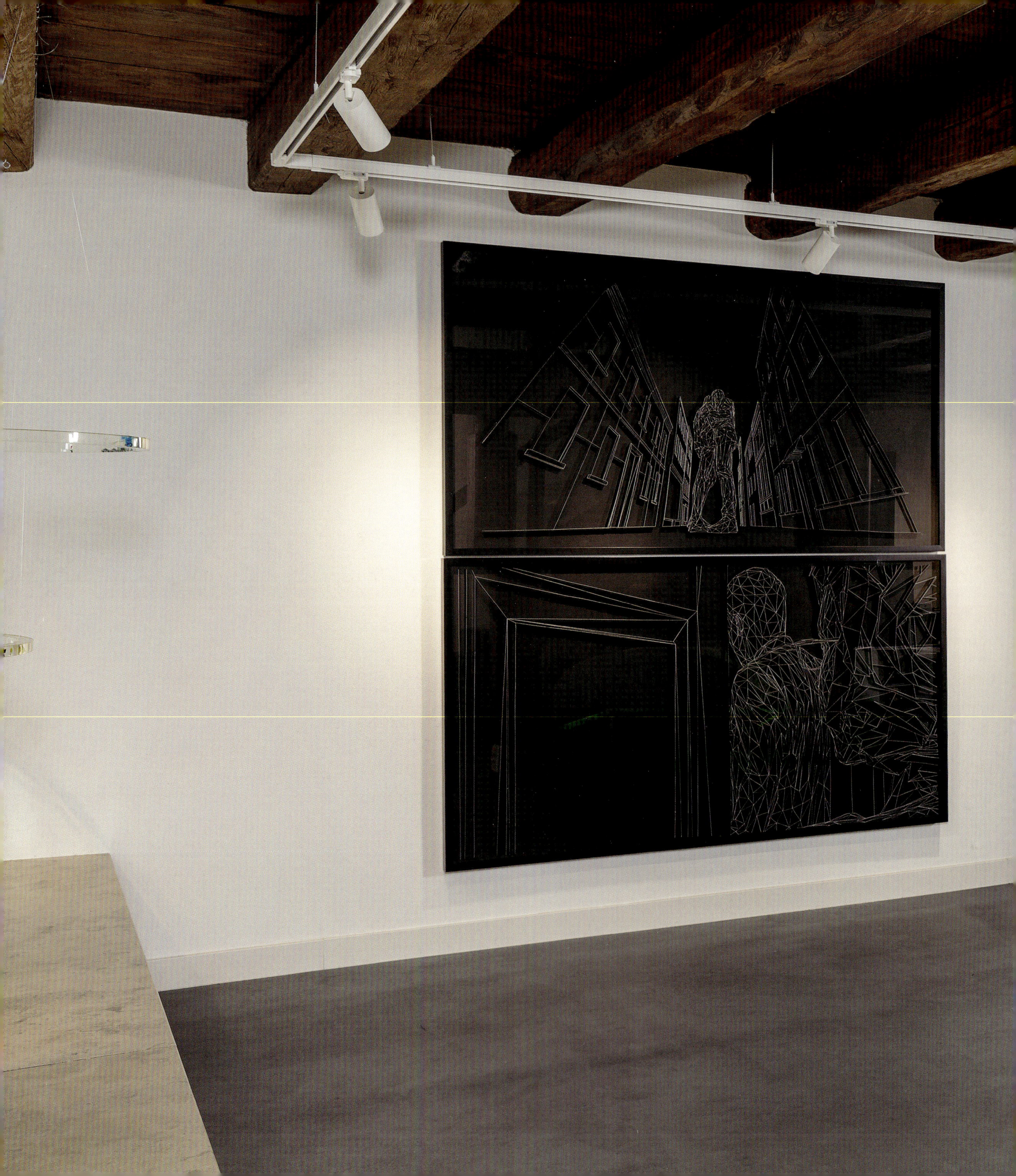

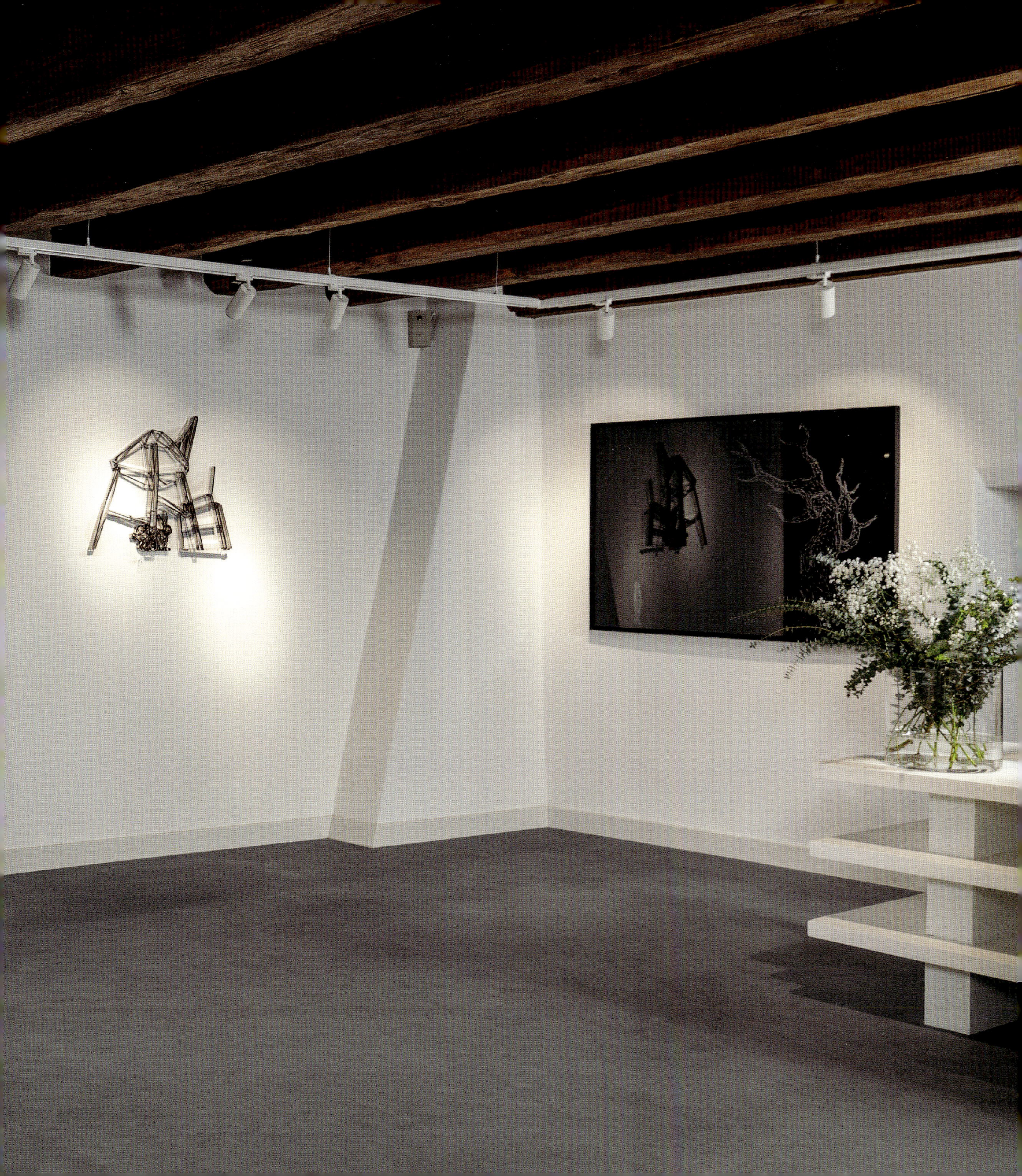

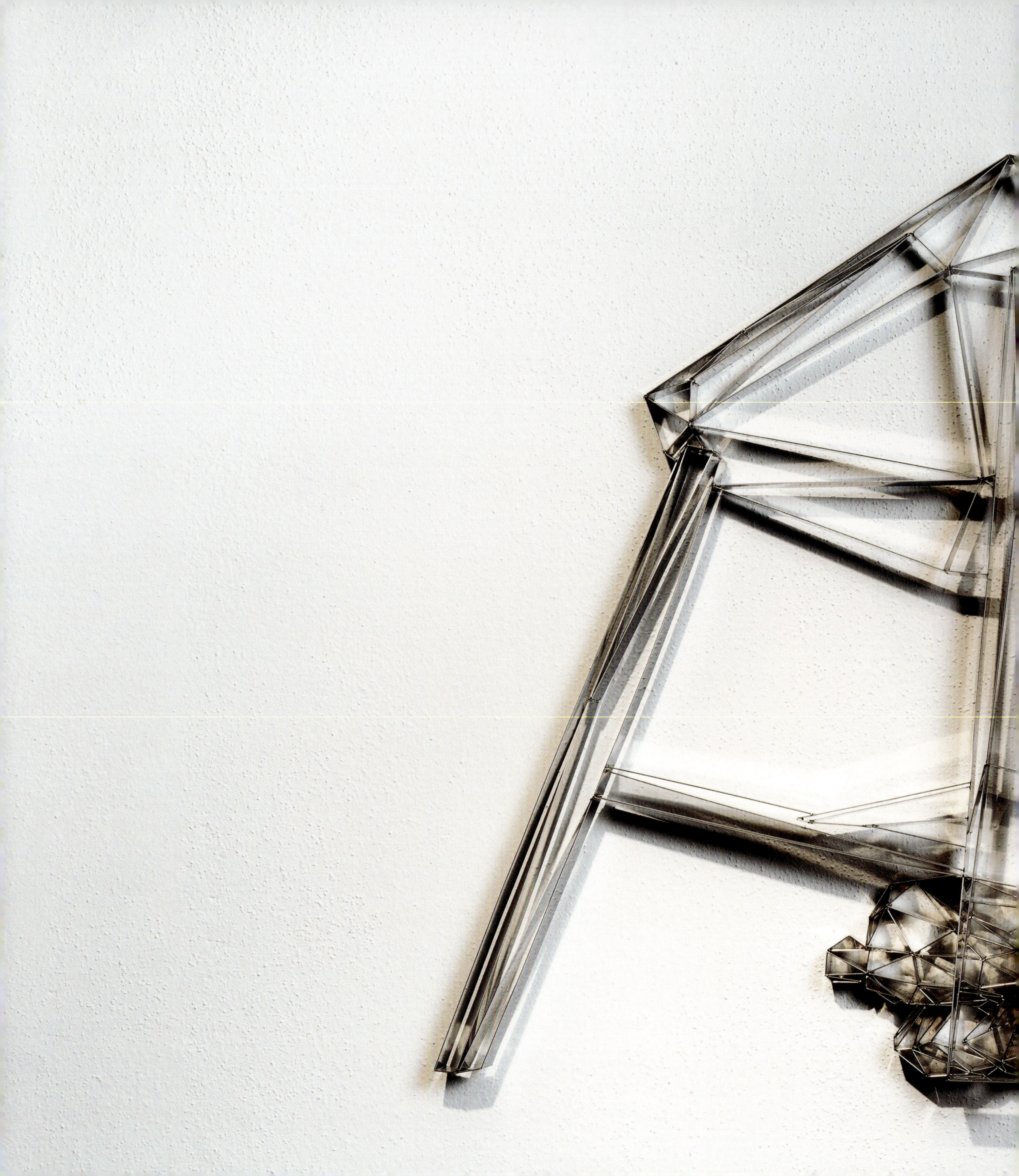

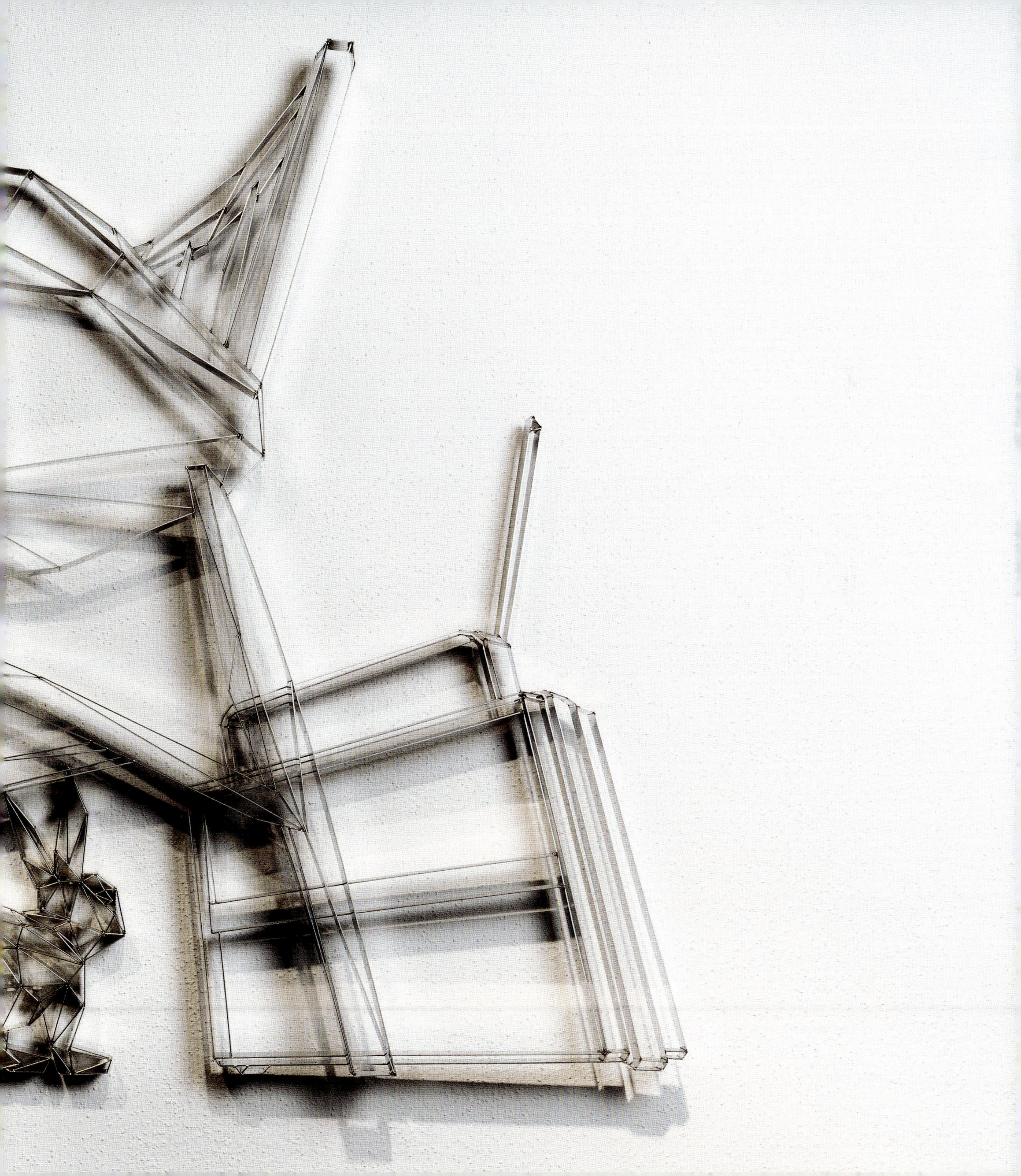

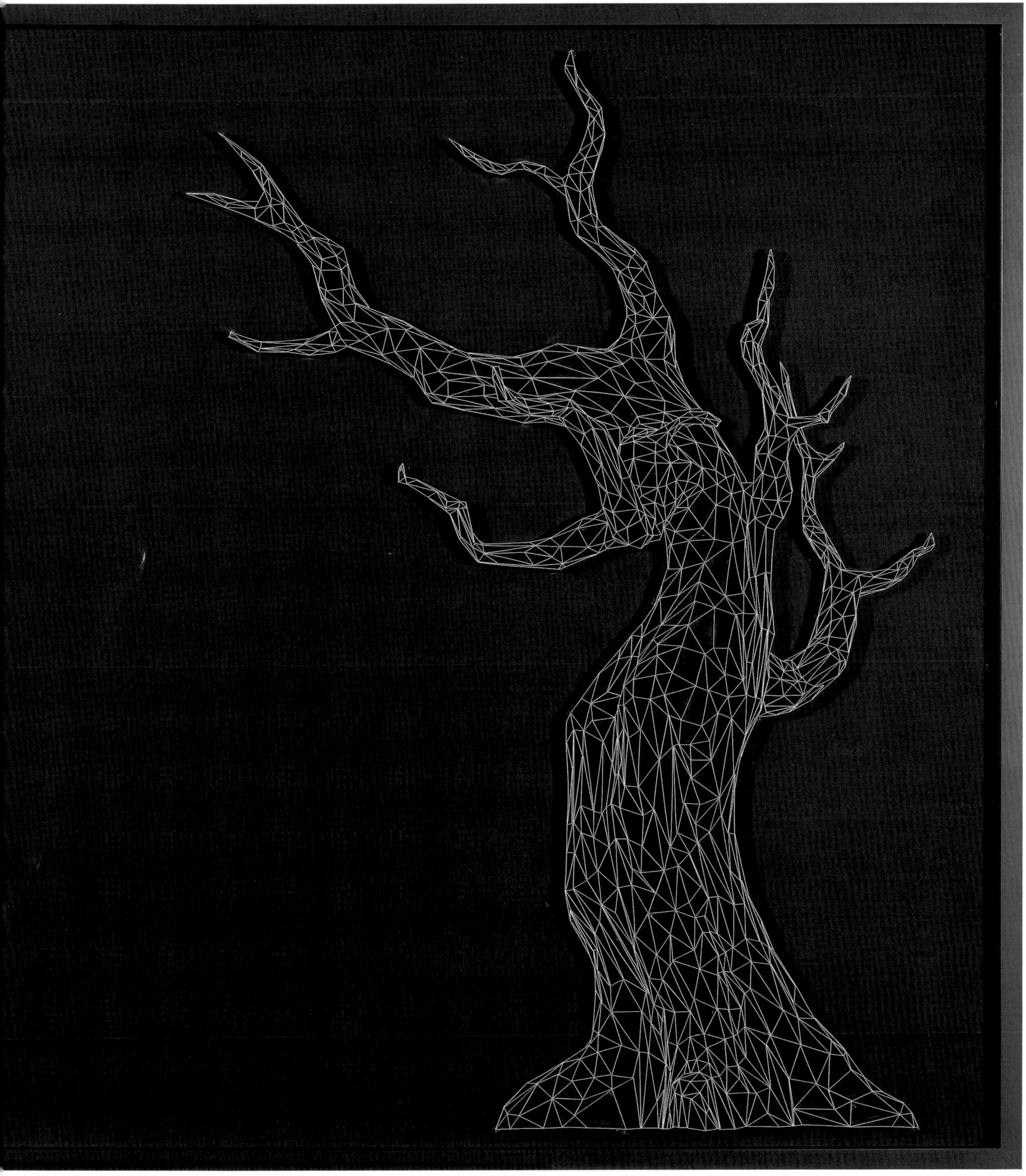

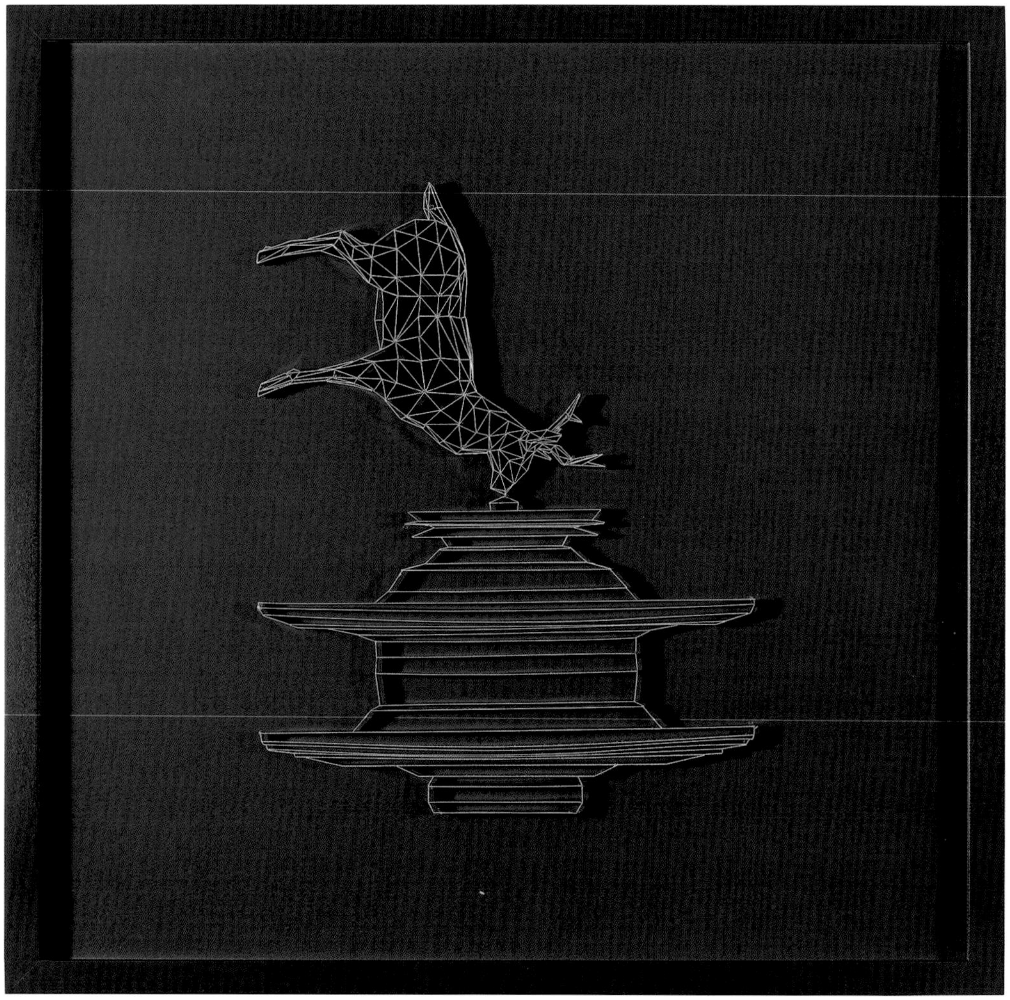

WITH A

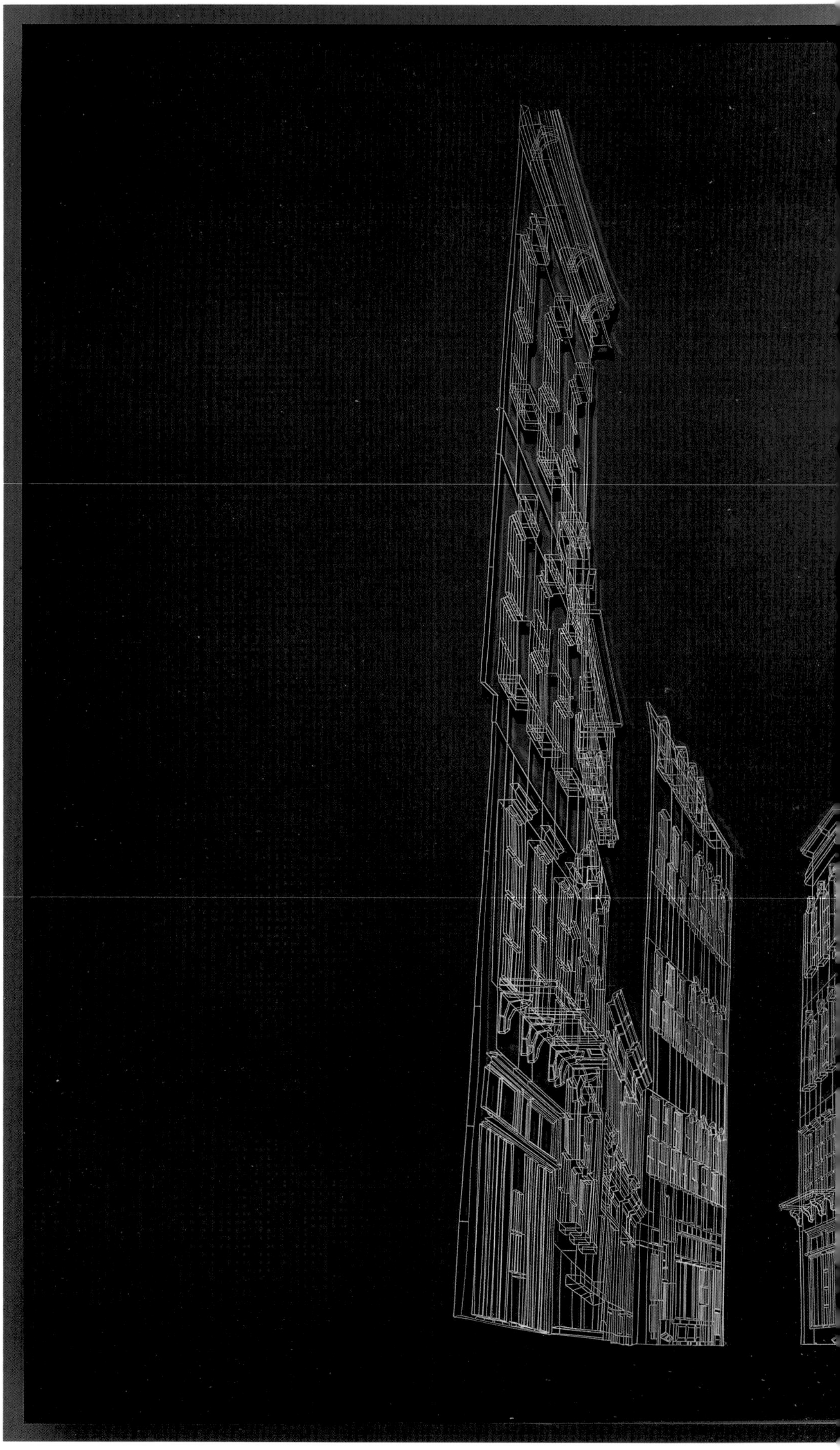

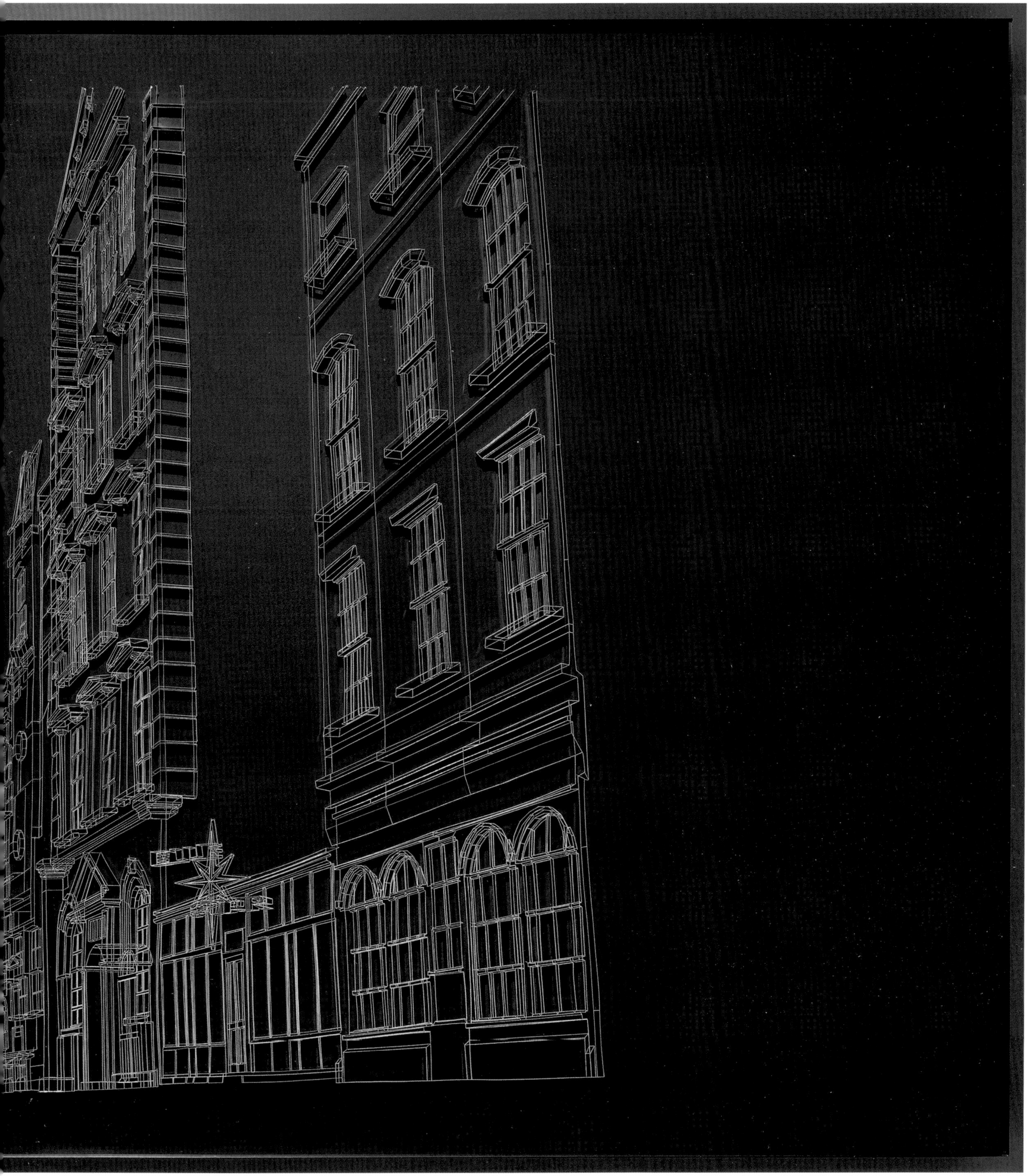

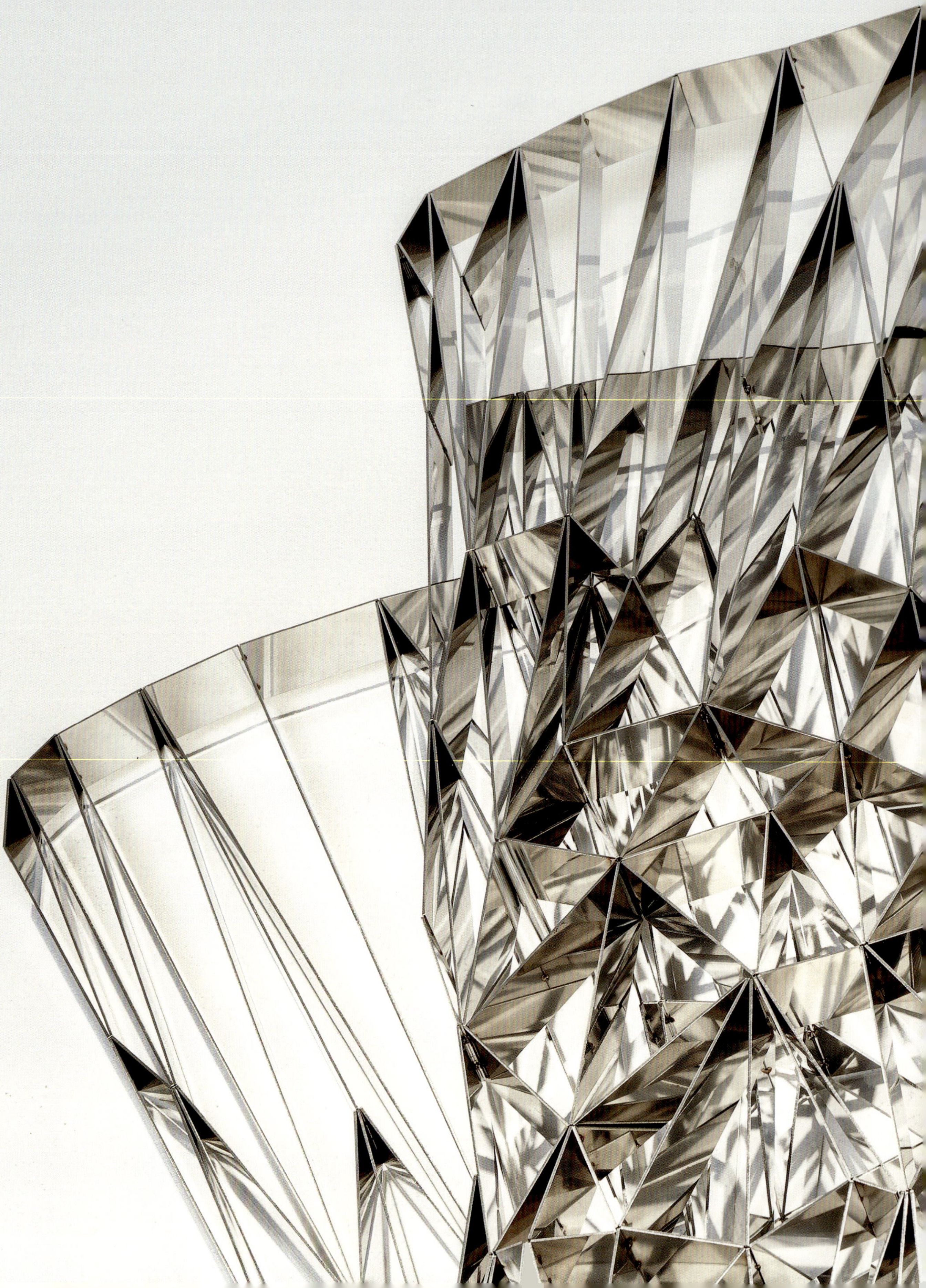

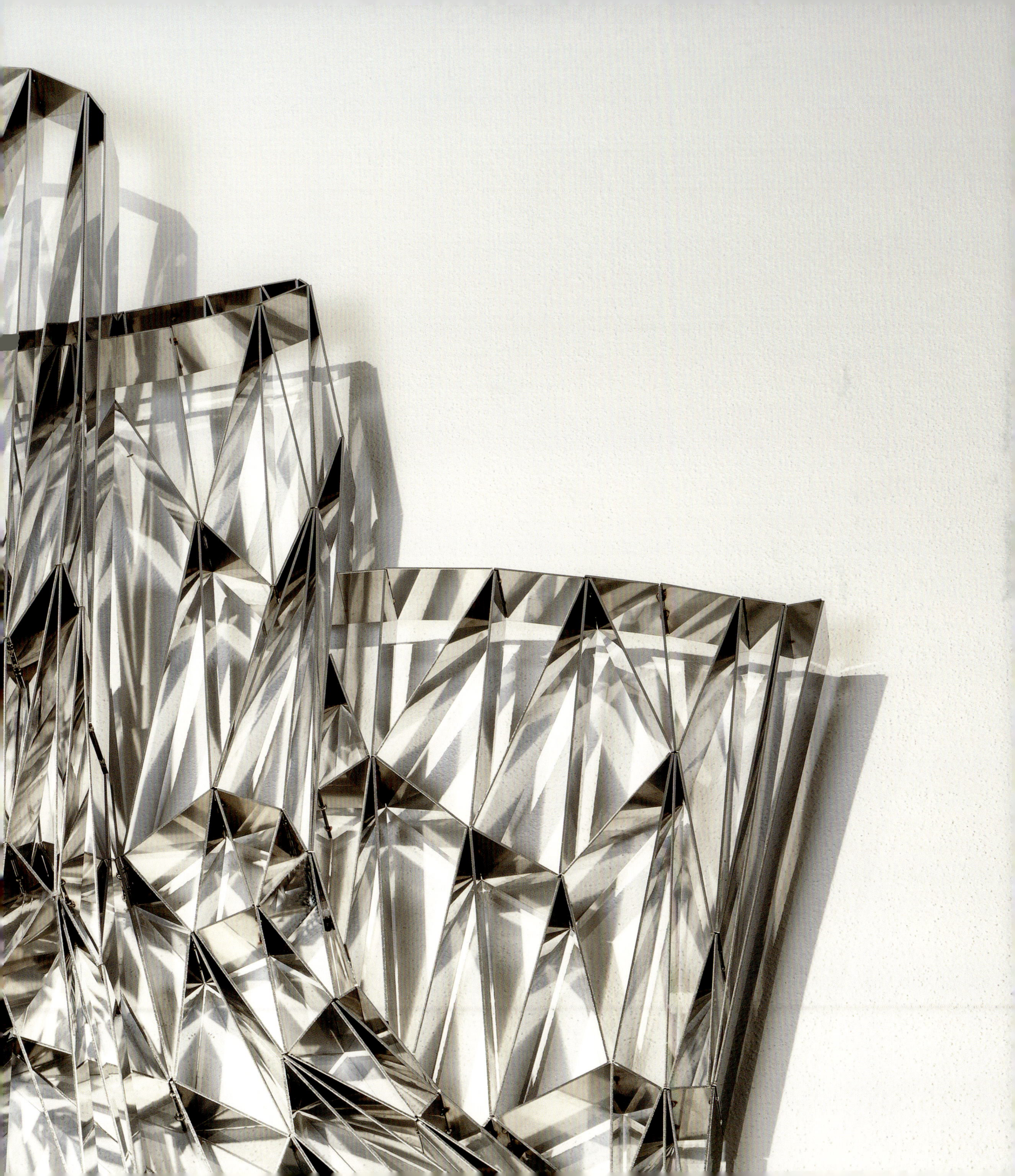

DARK

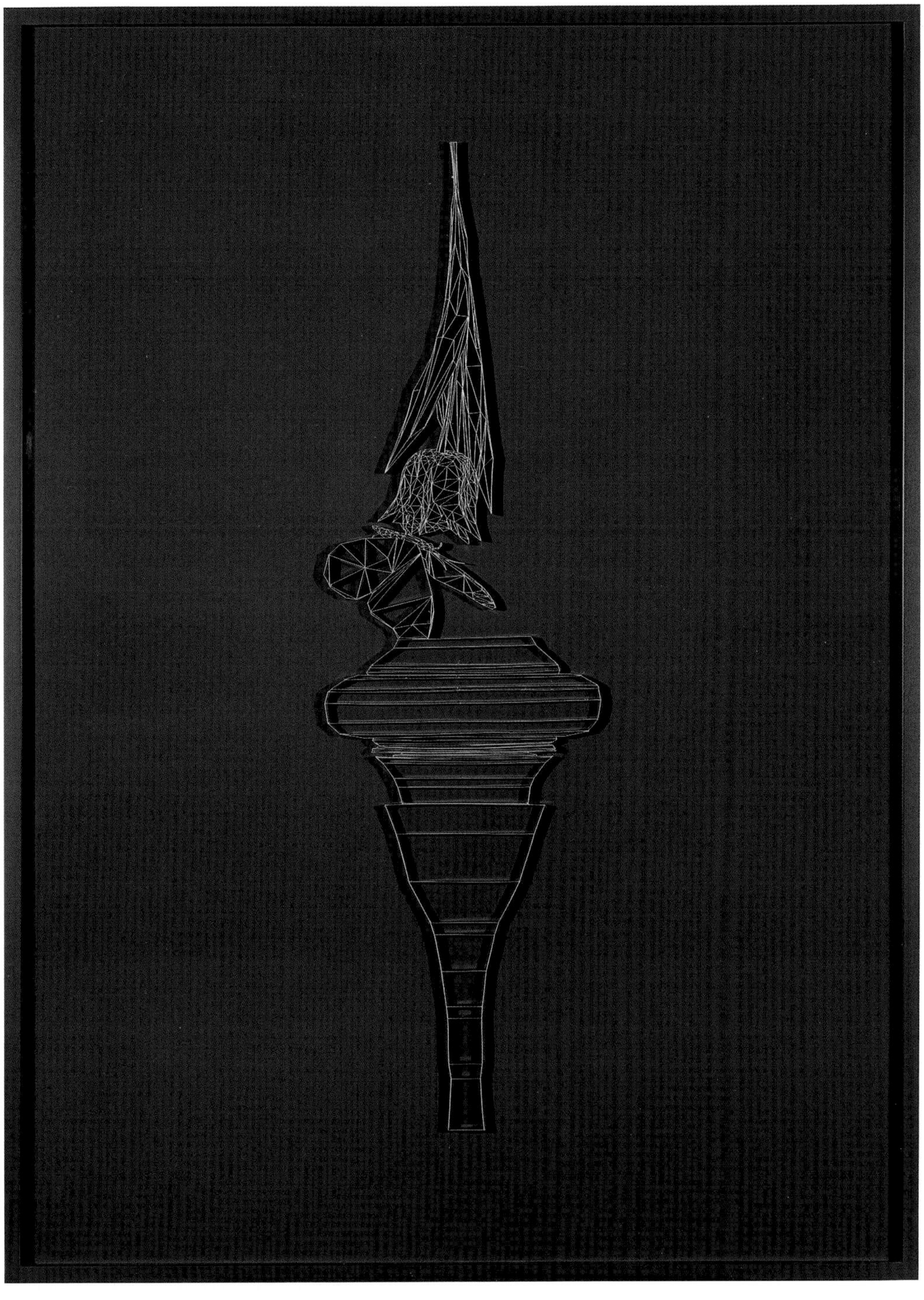

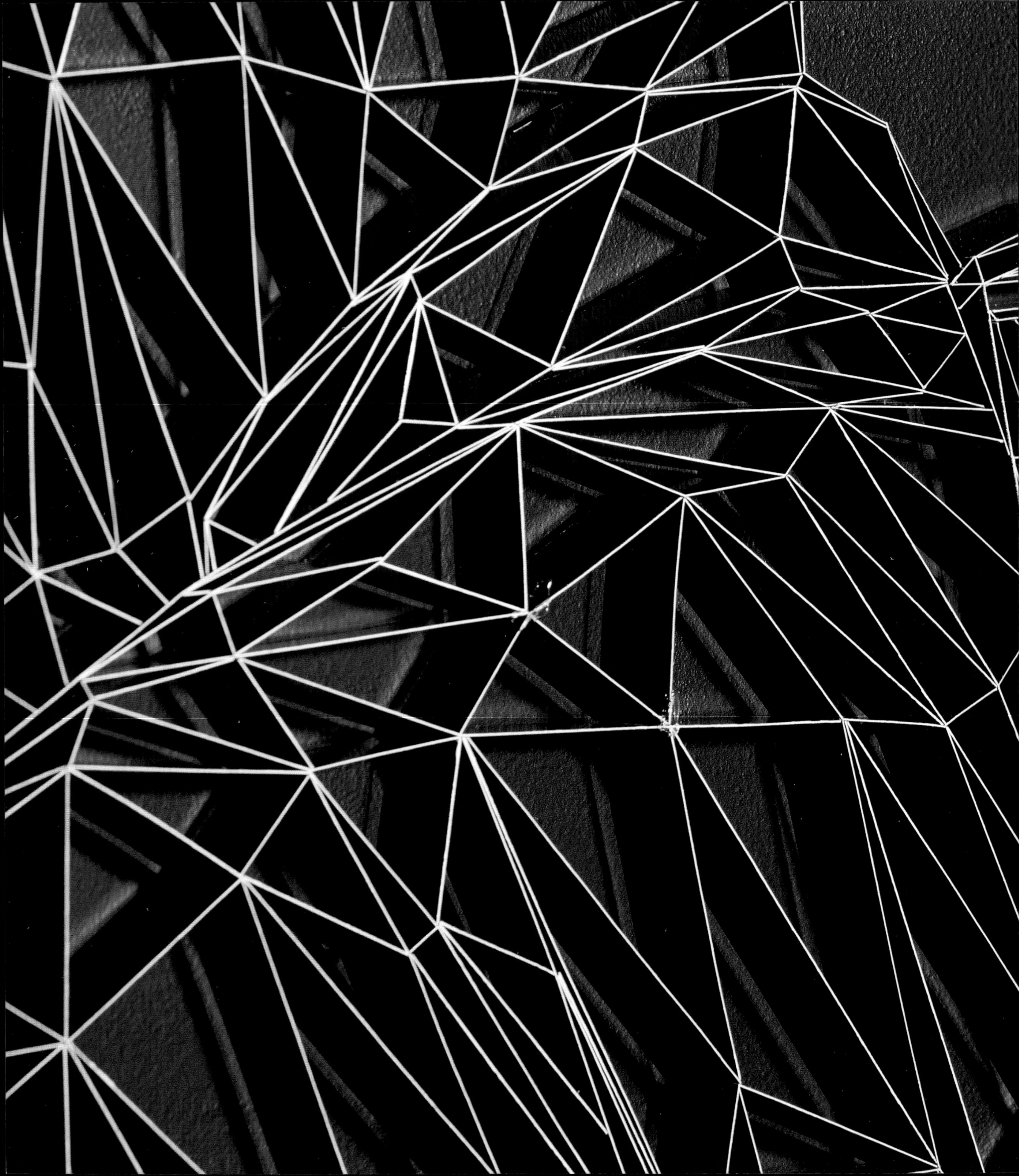

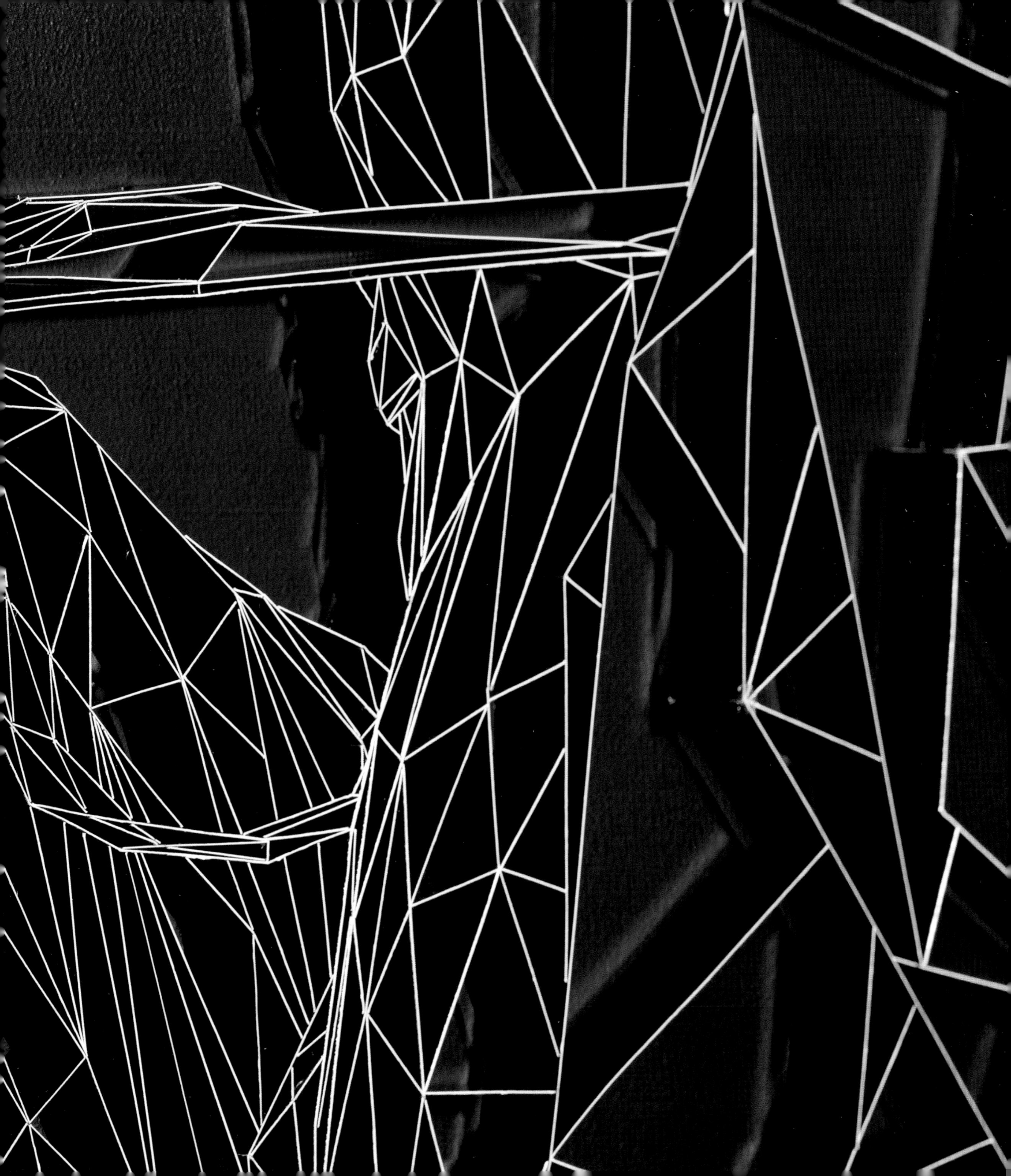

EXPRE

SSION

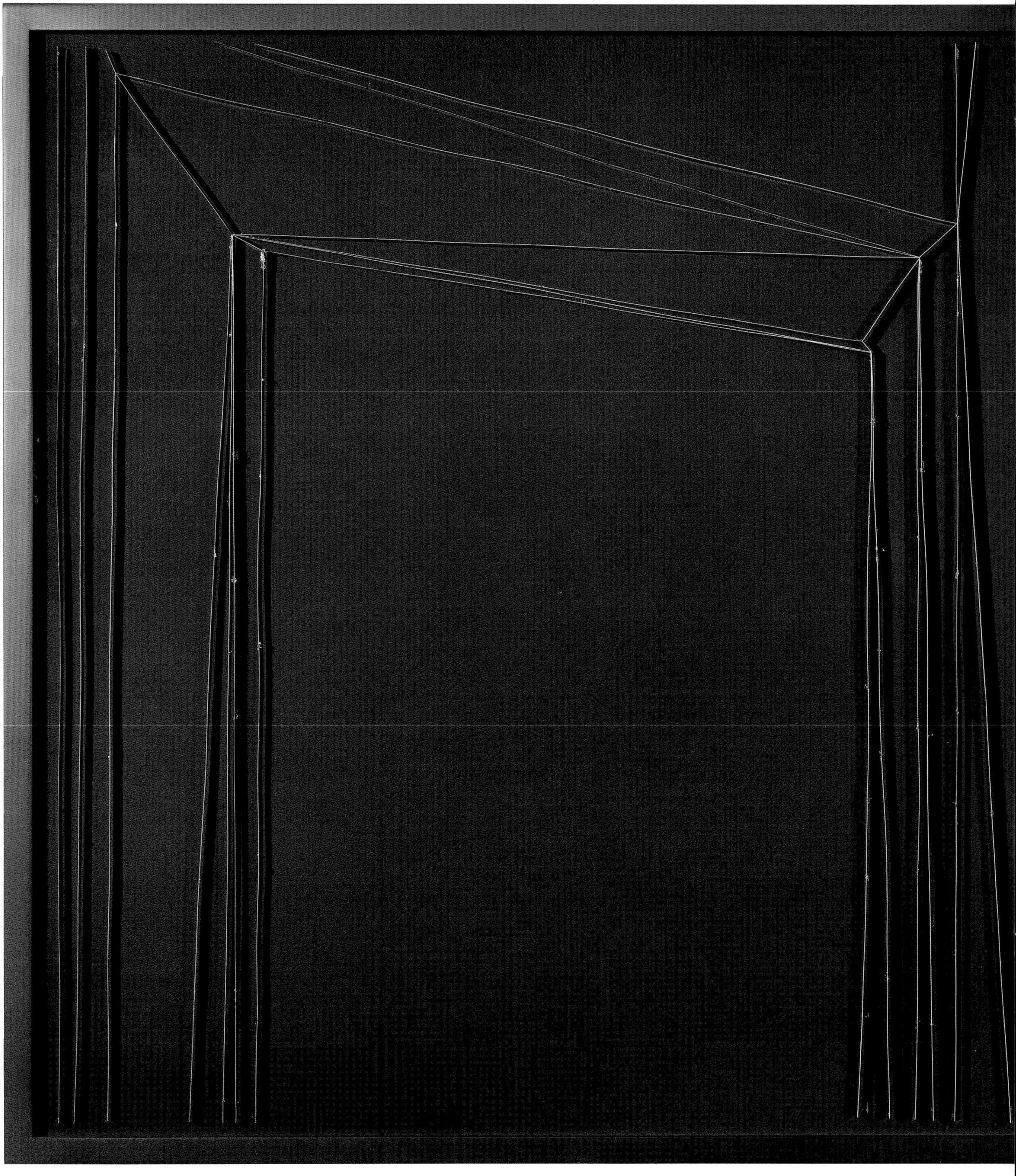

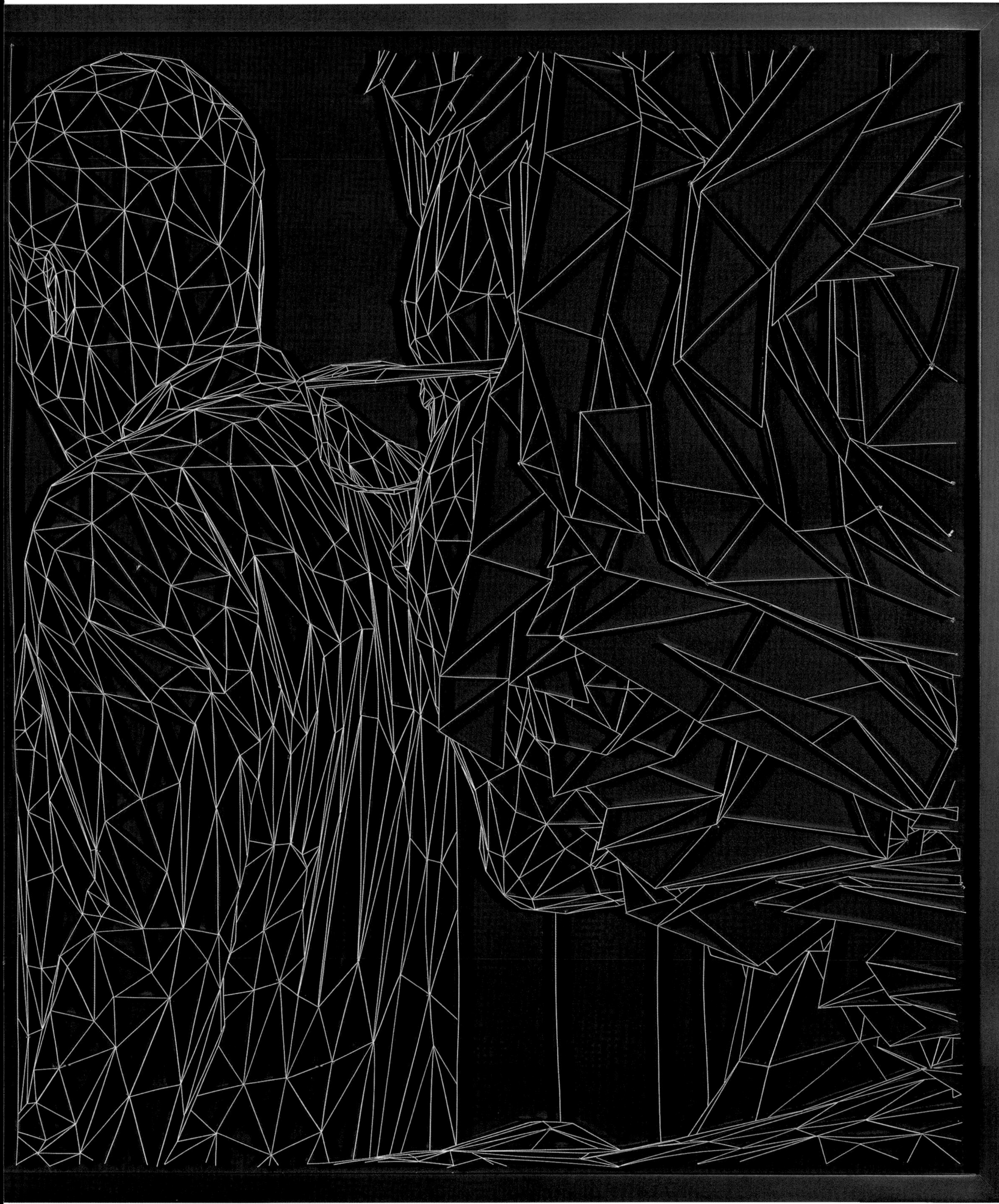

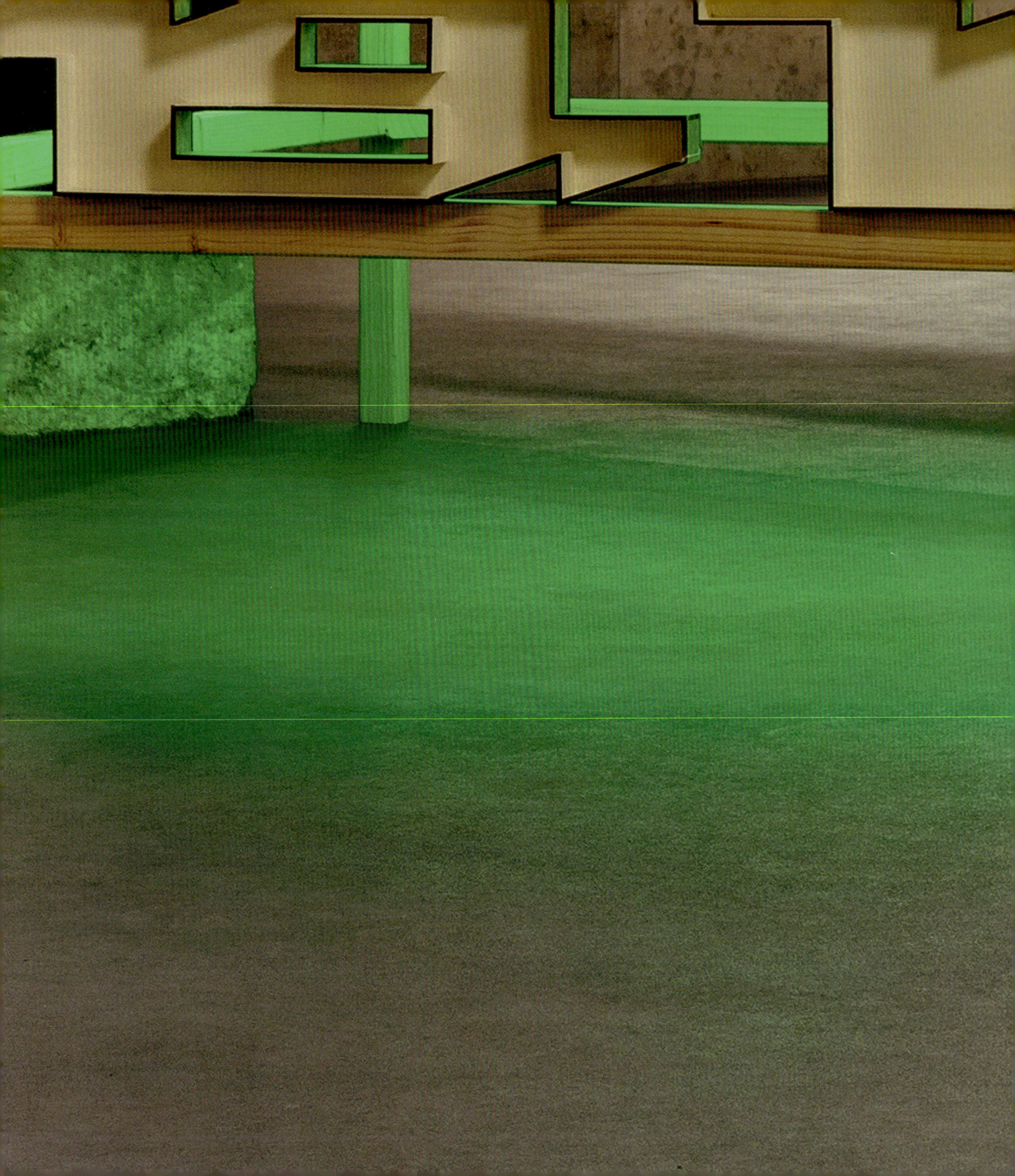

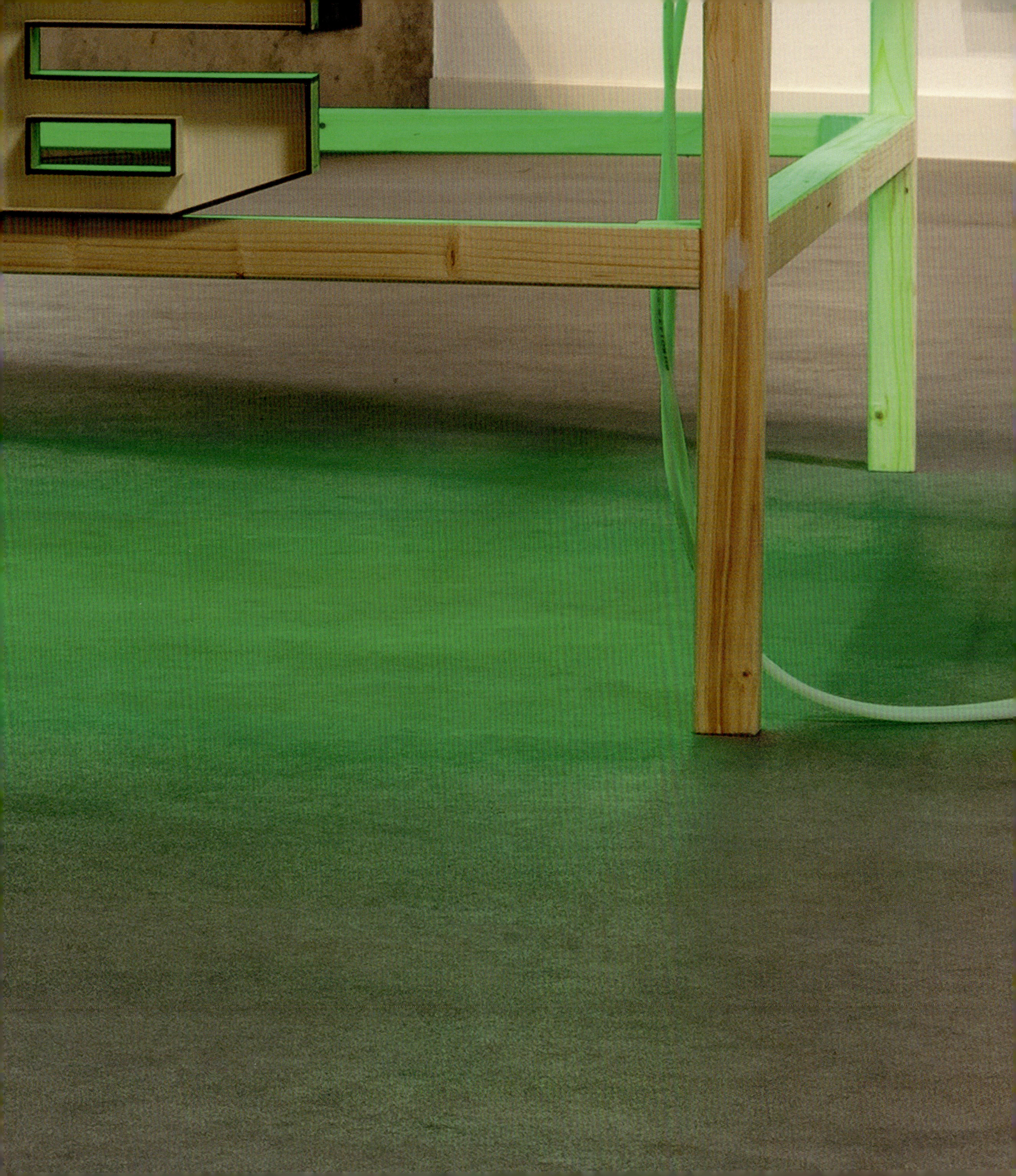

ON

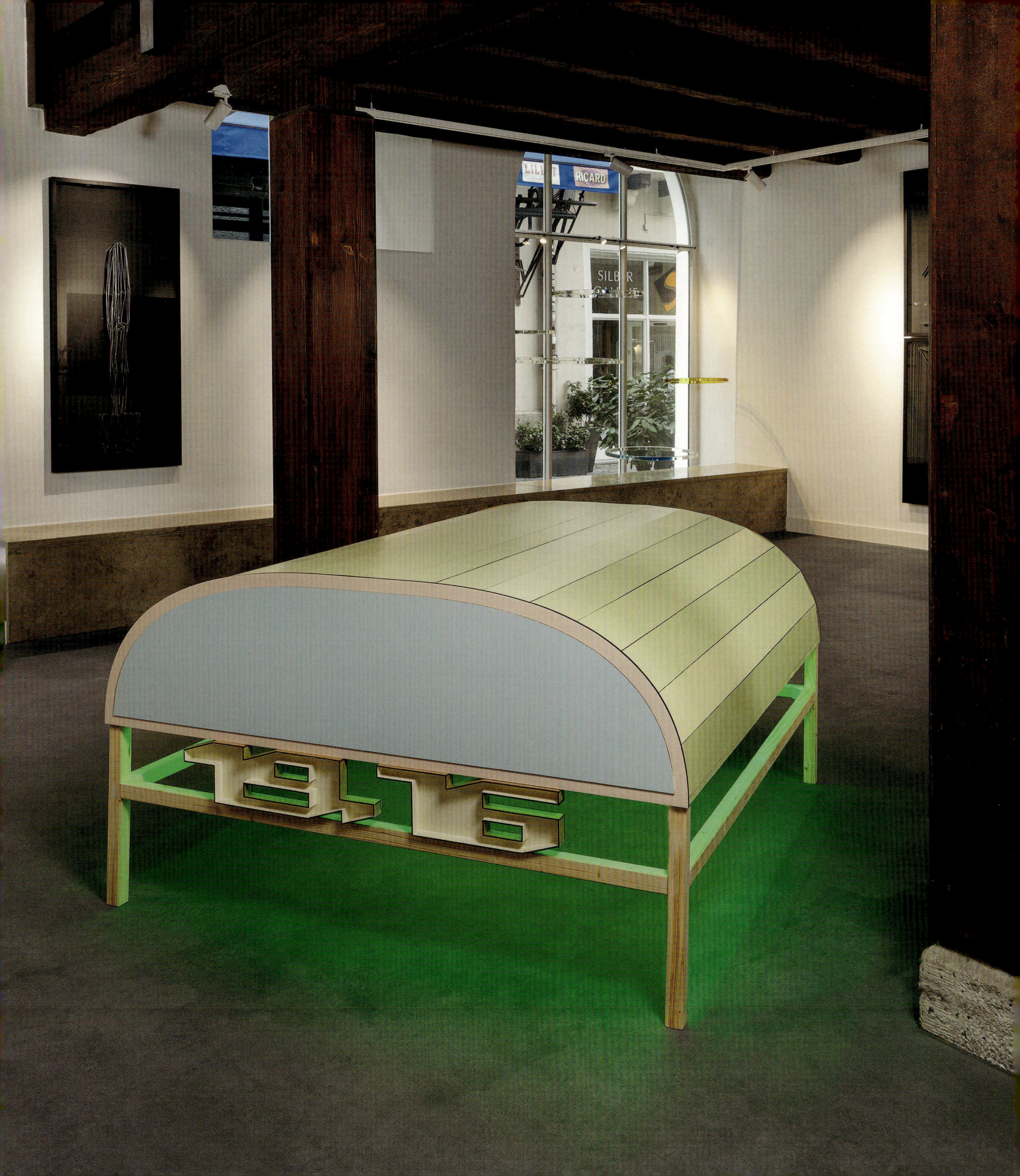
RICARD

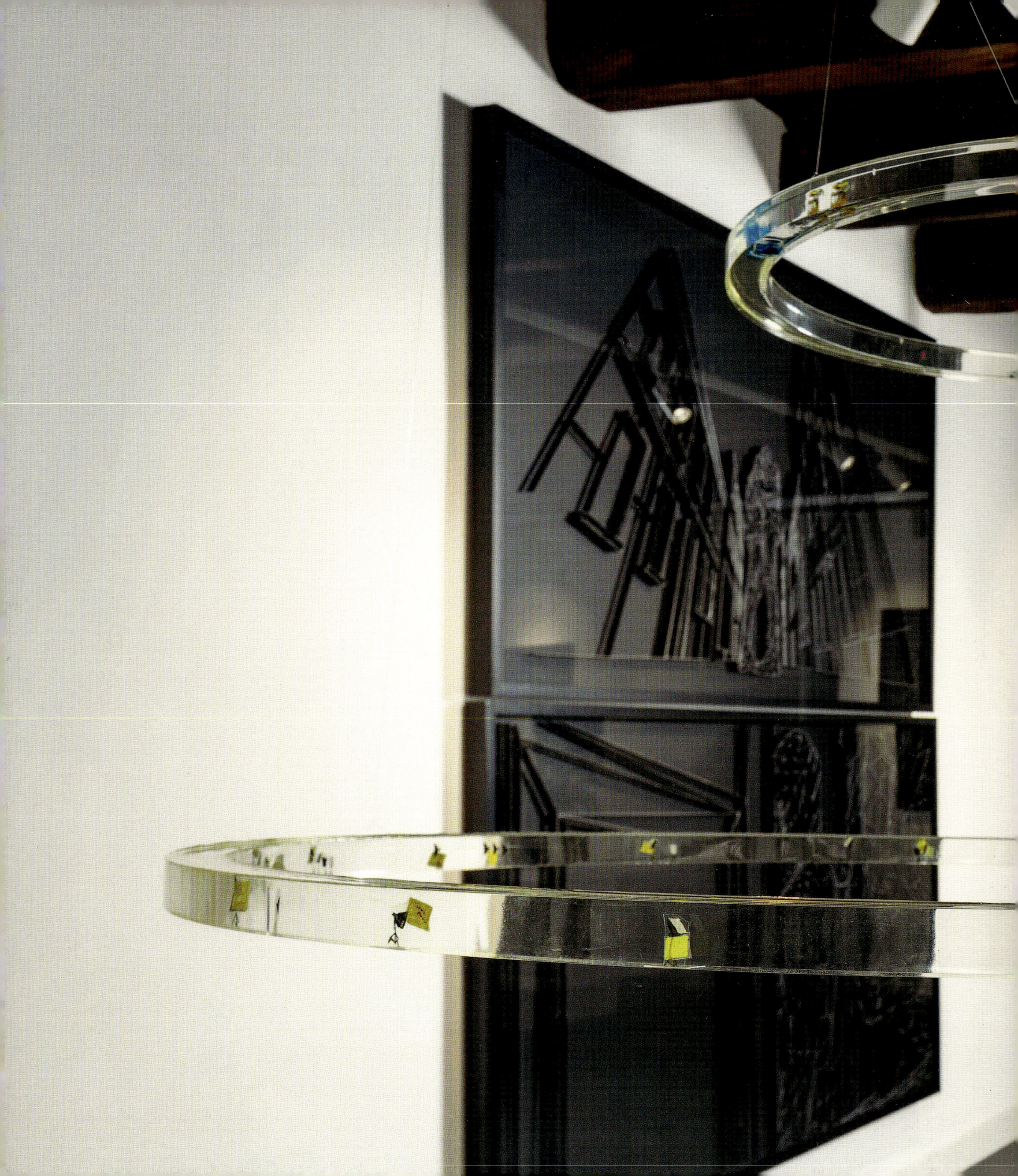

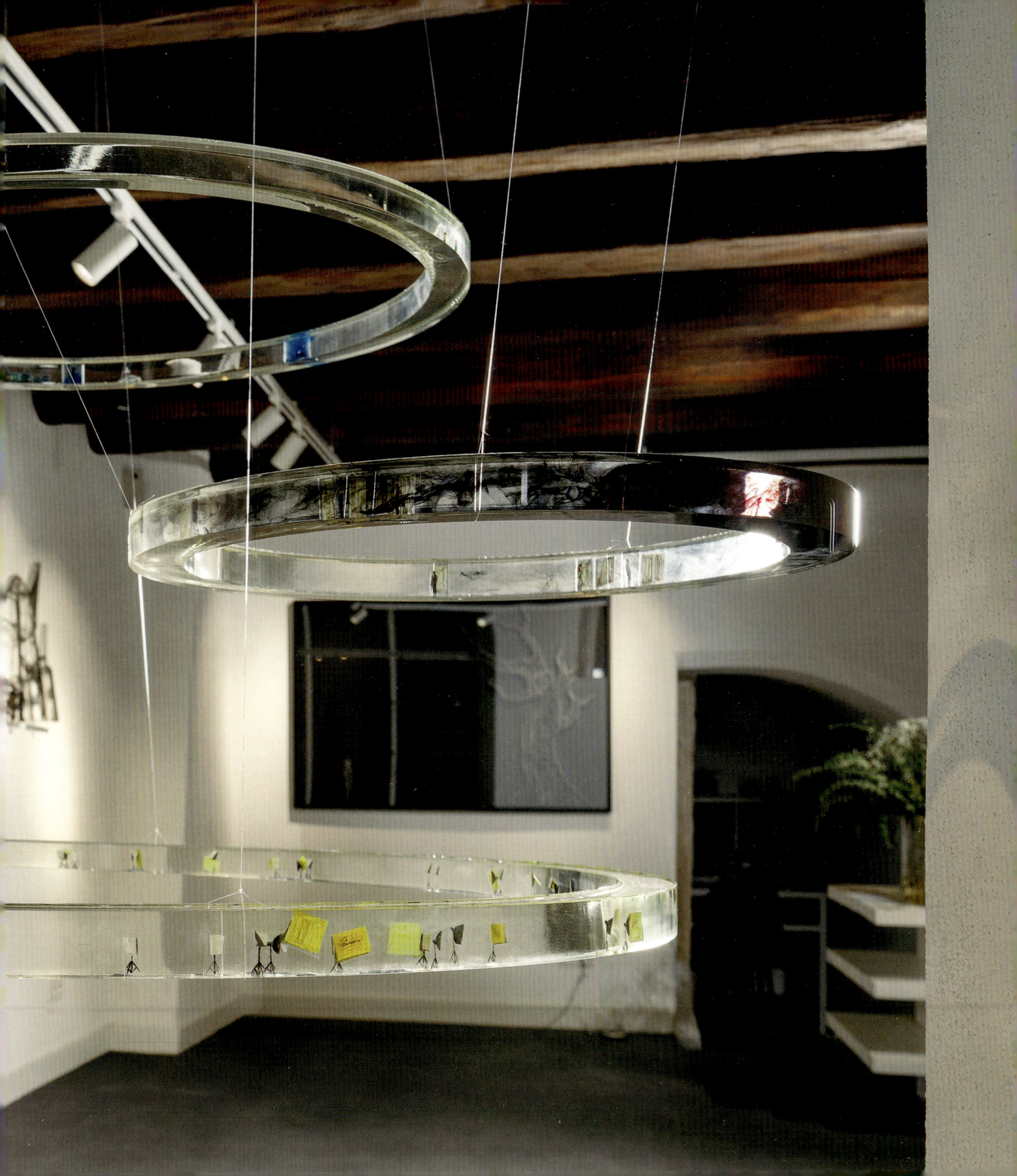

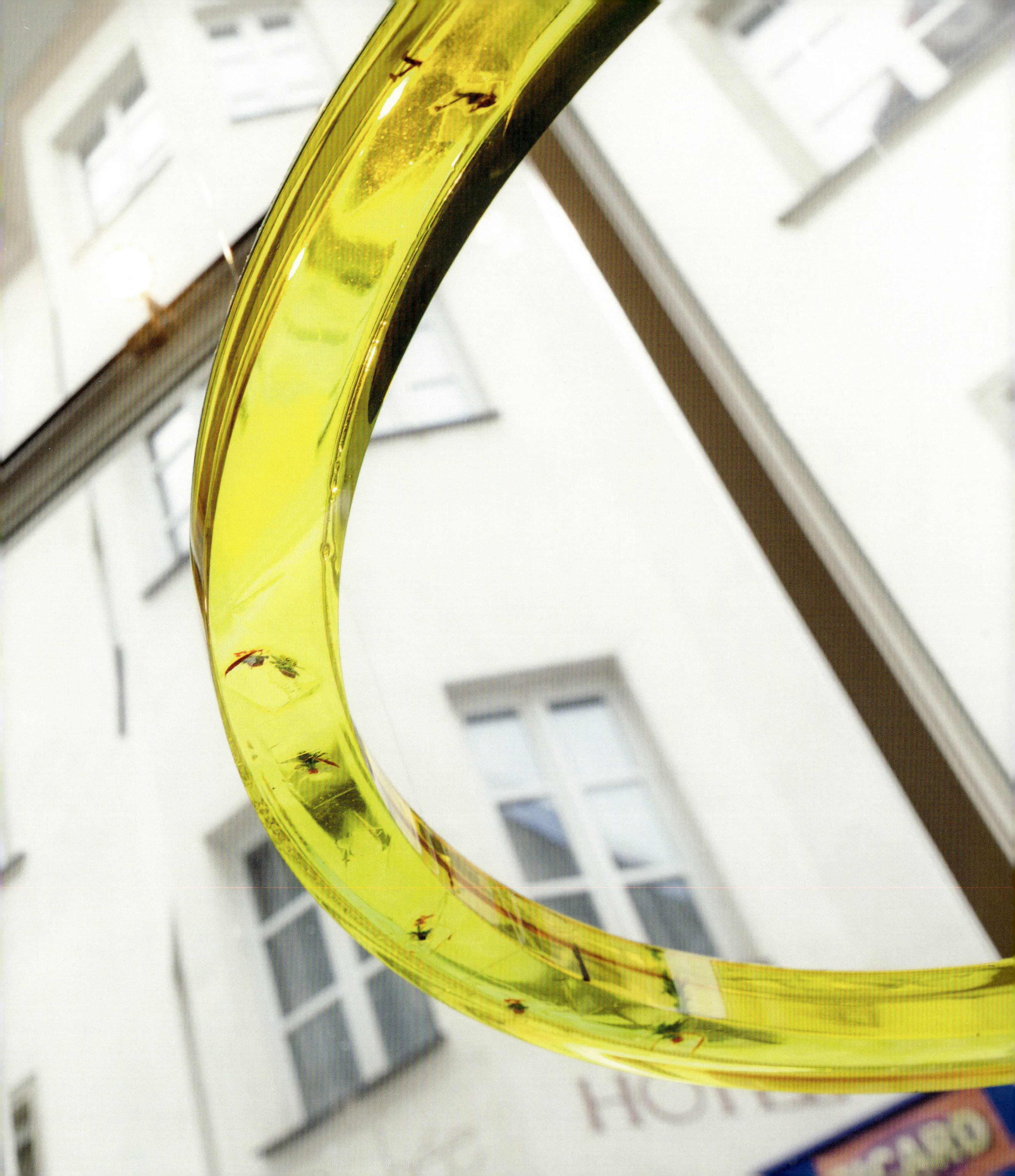

HER

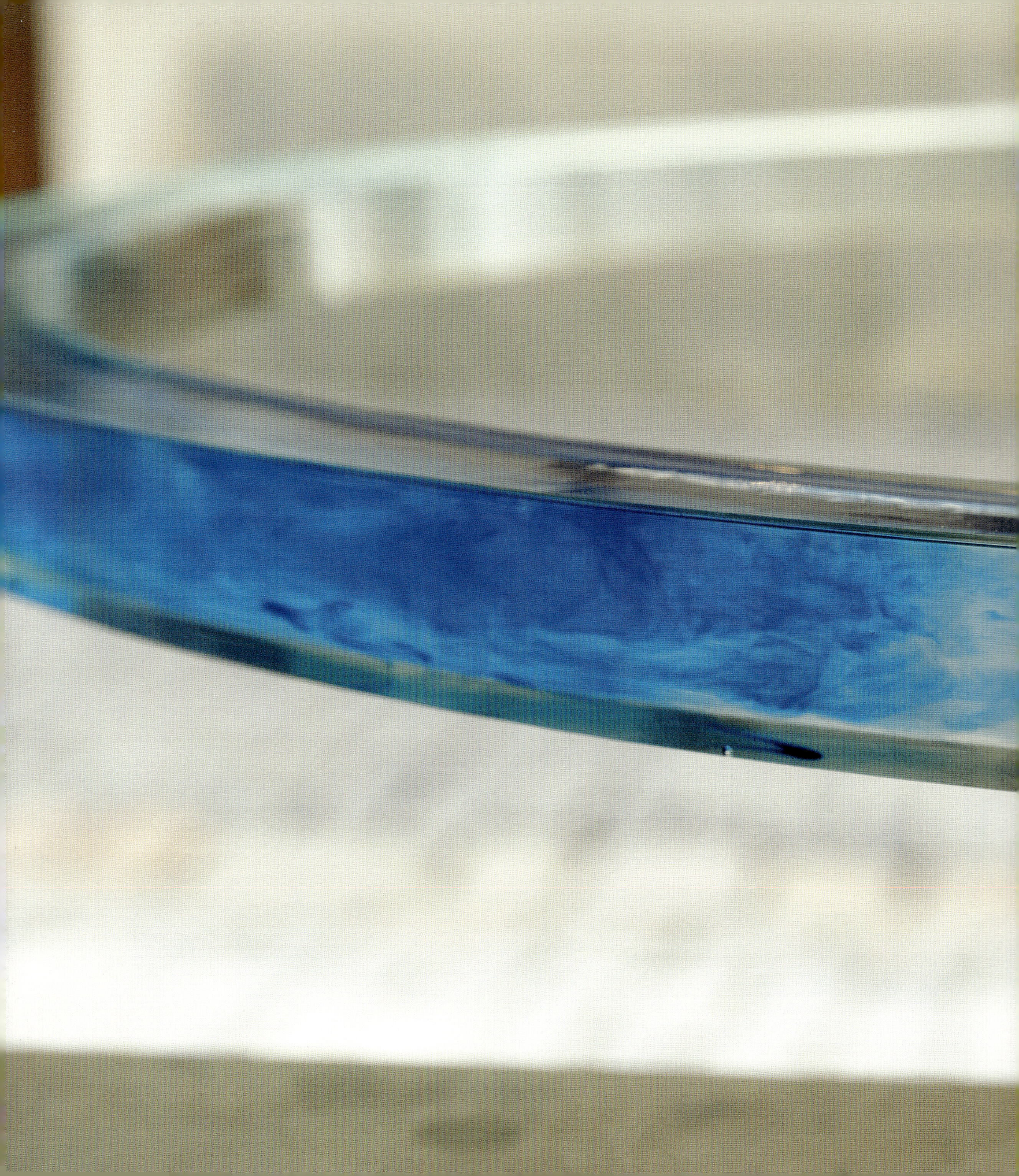

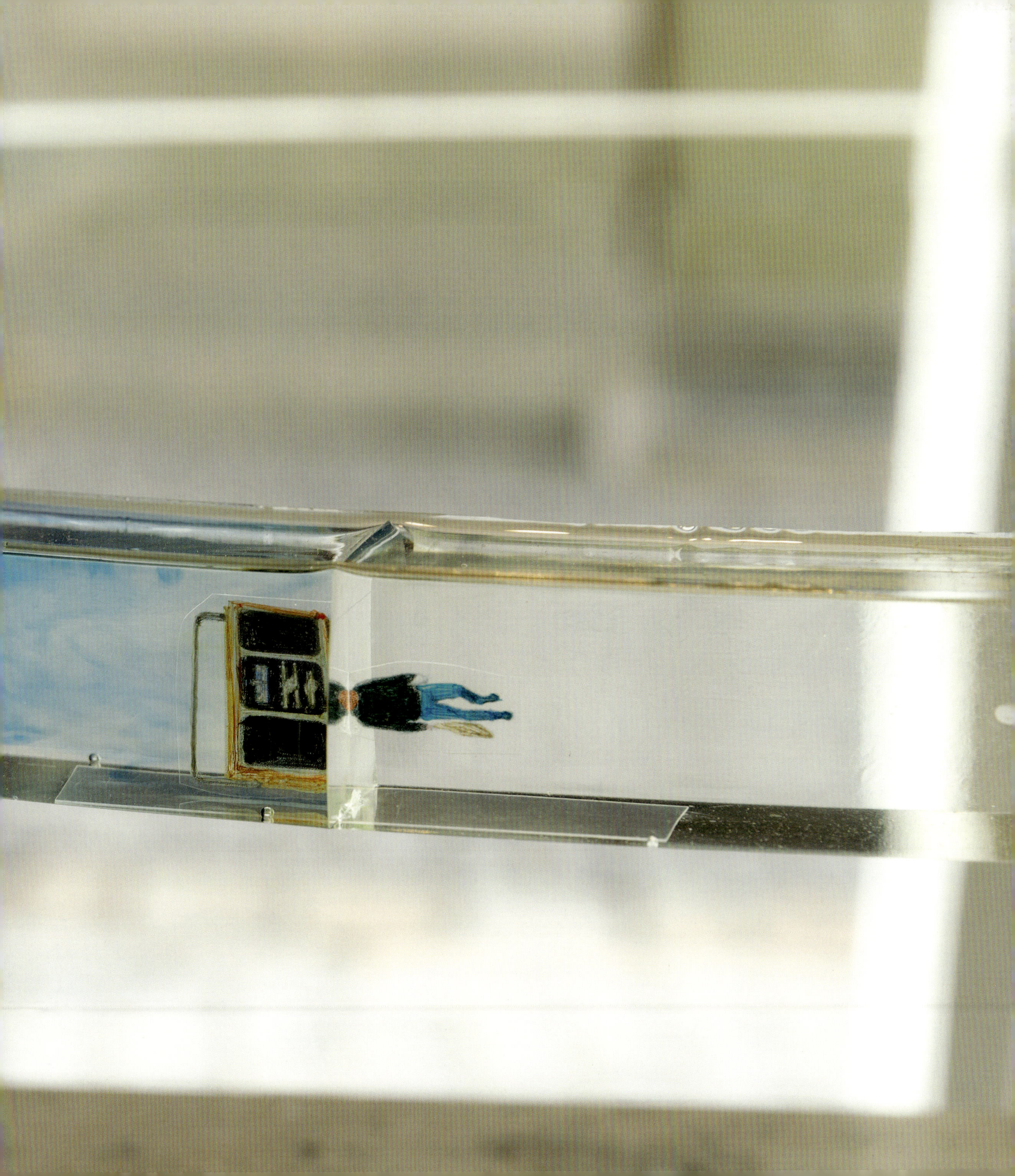

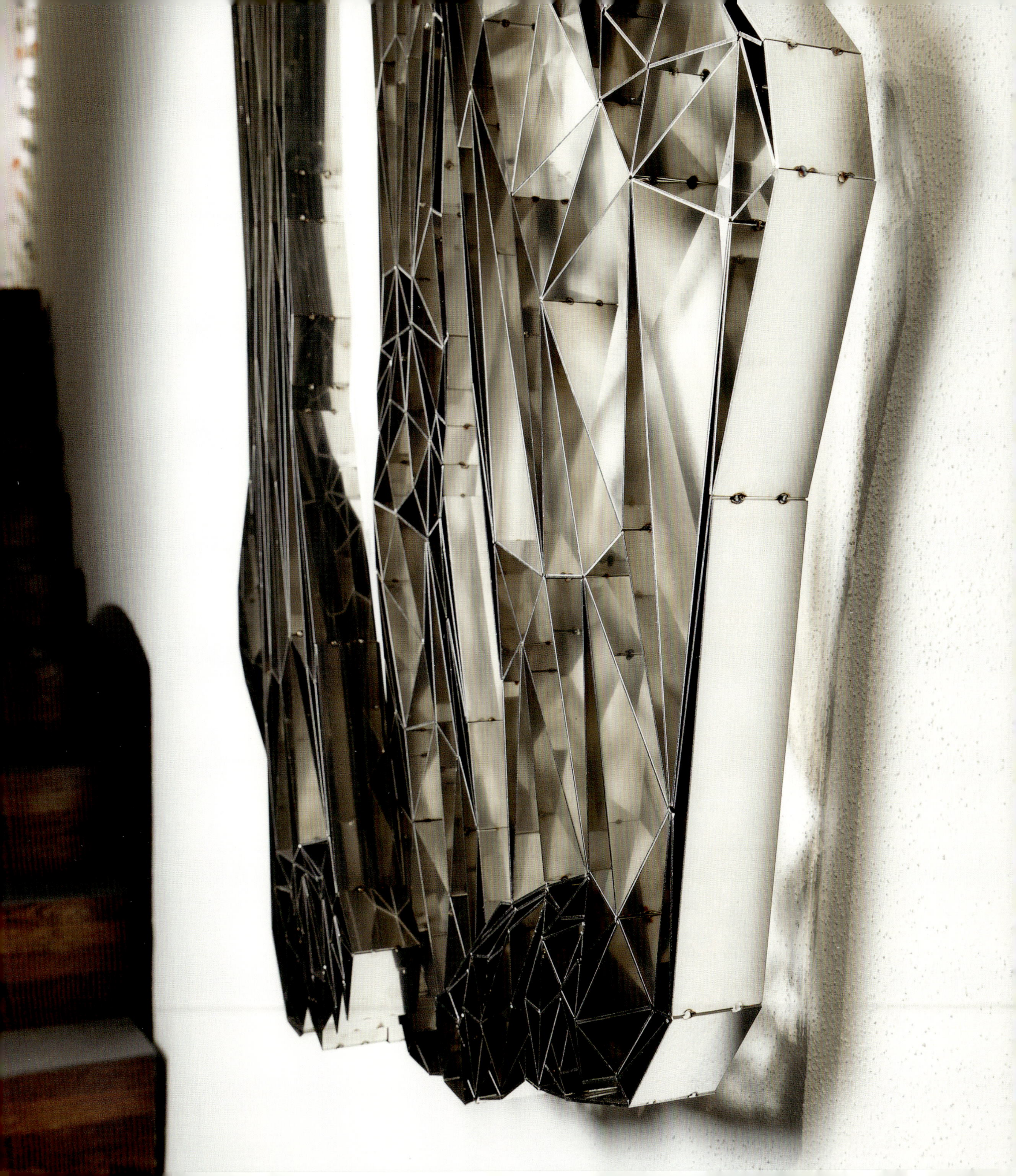

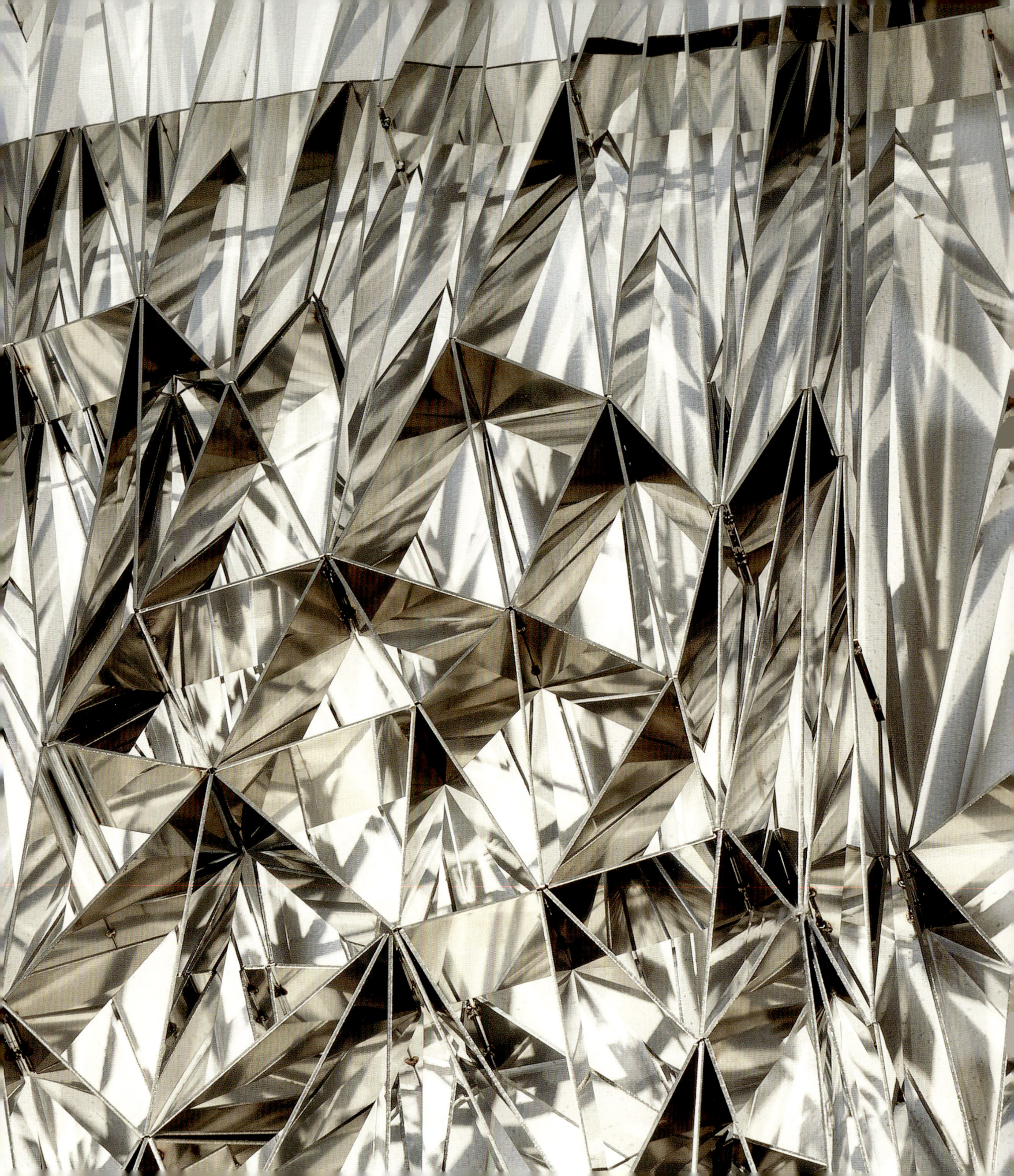

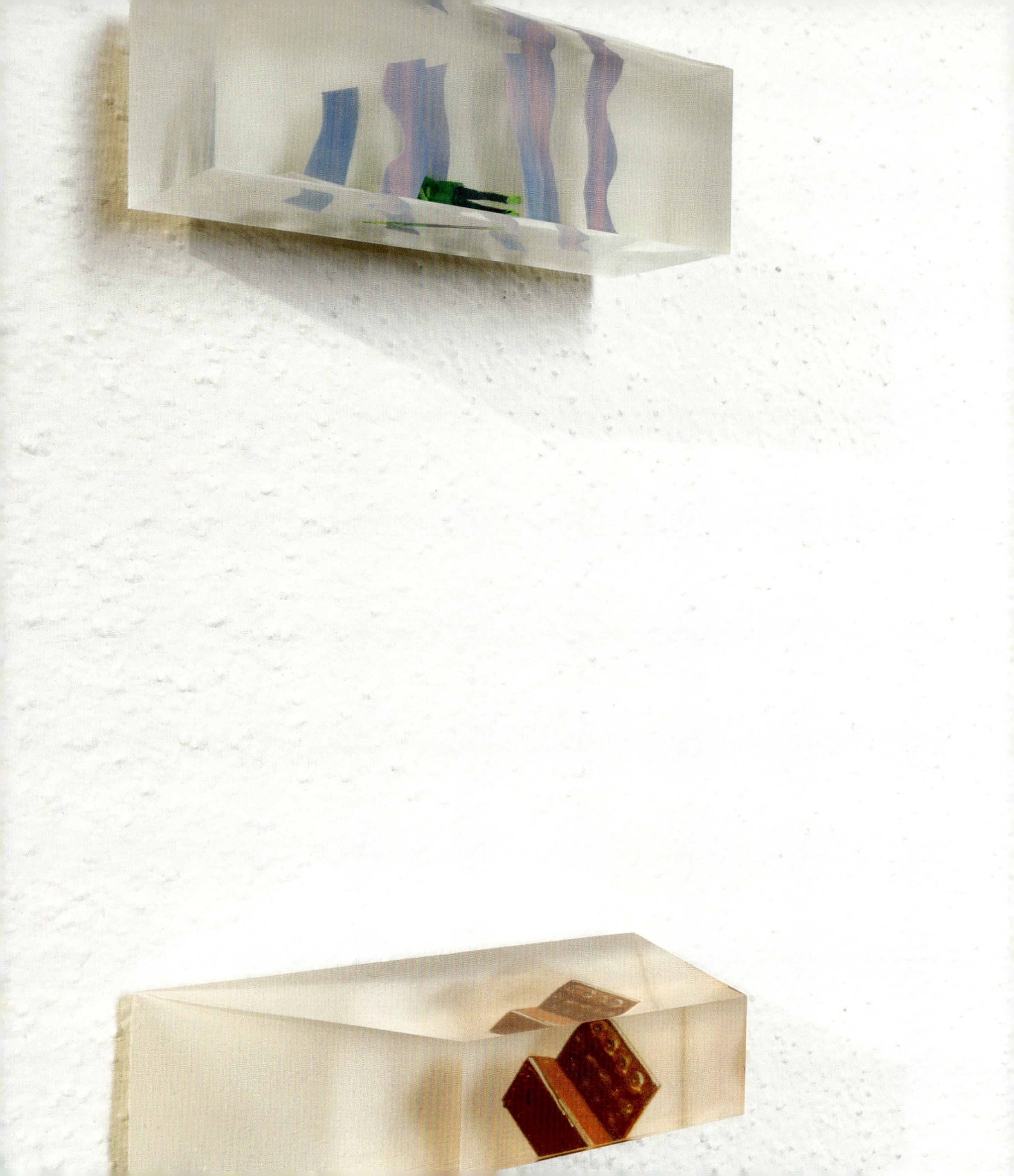

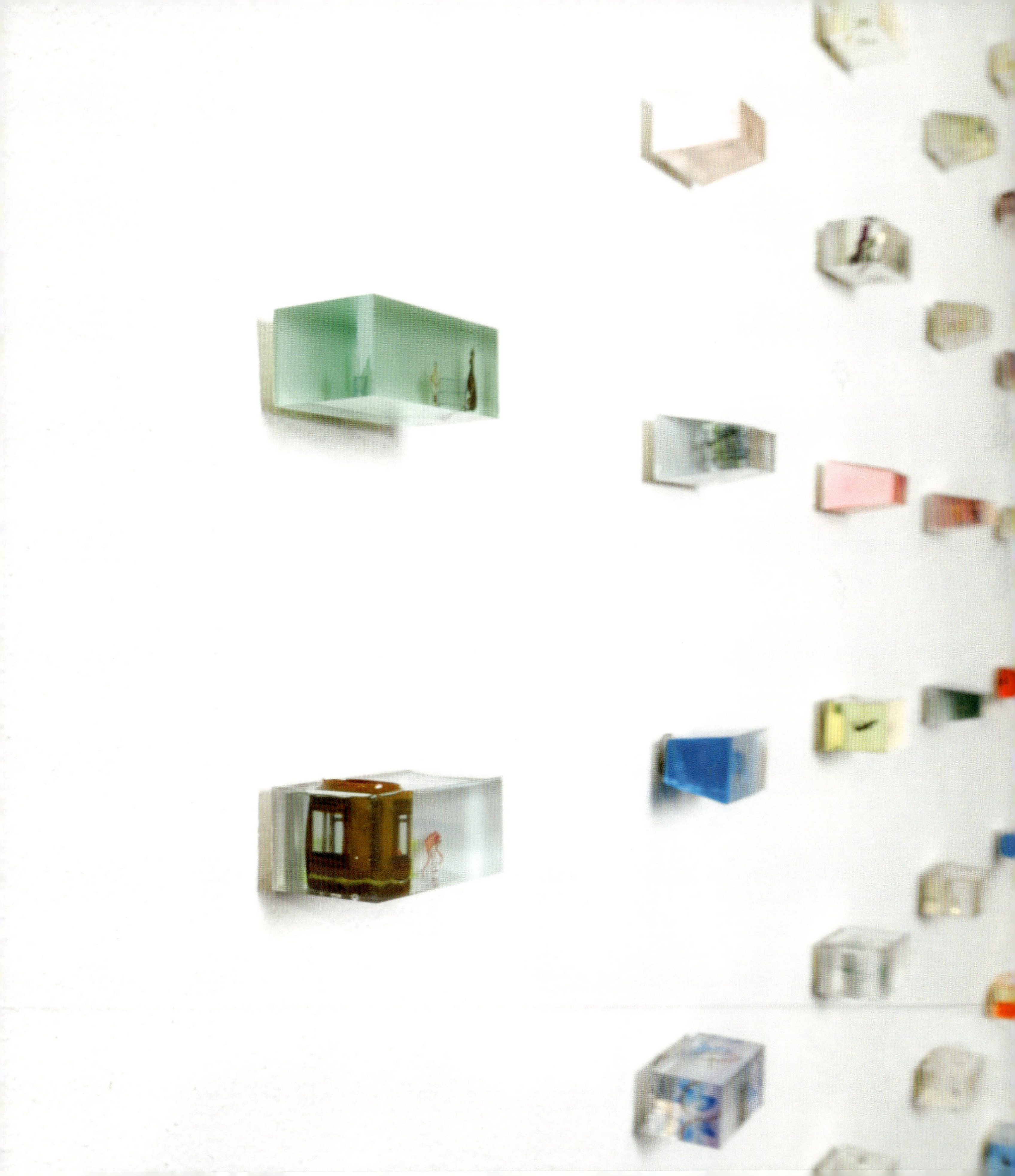

FACE

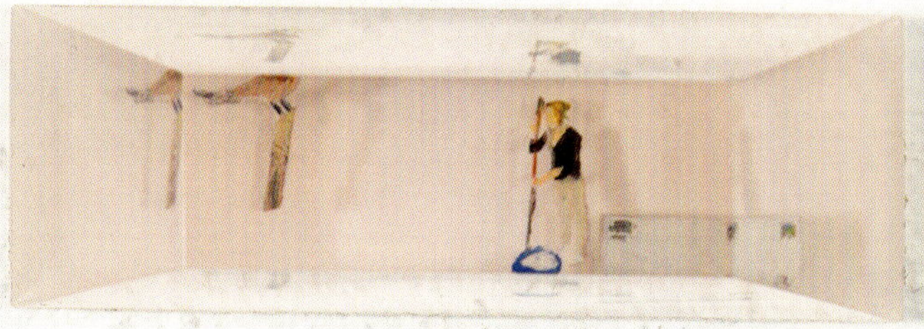

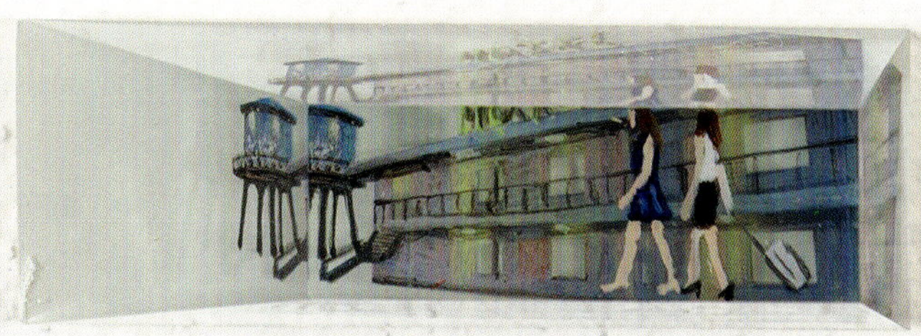

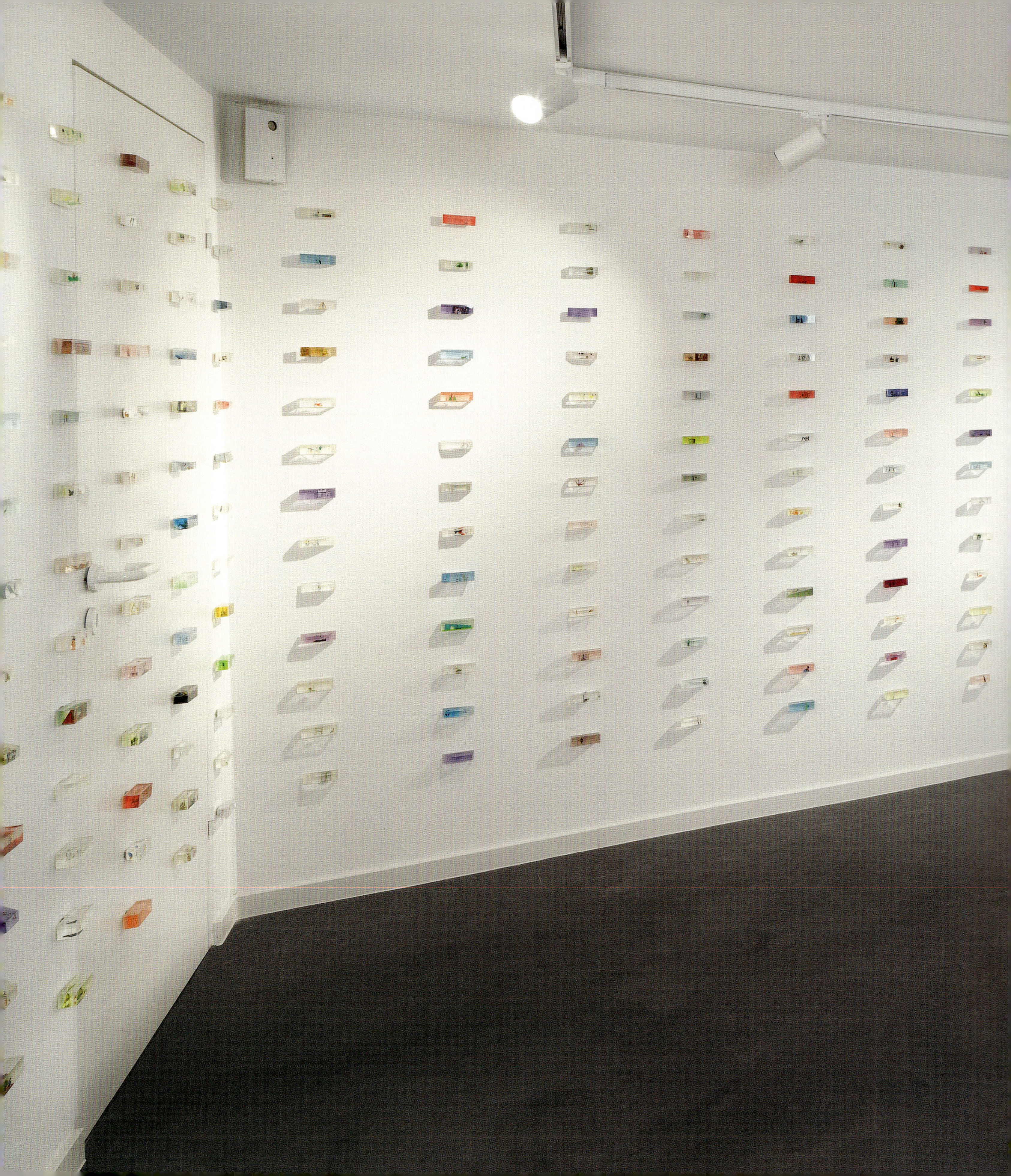

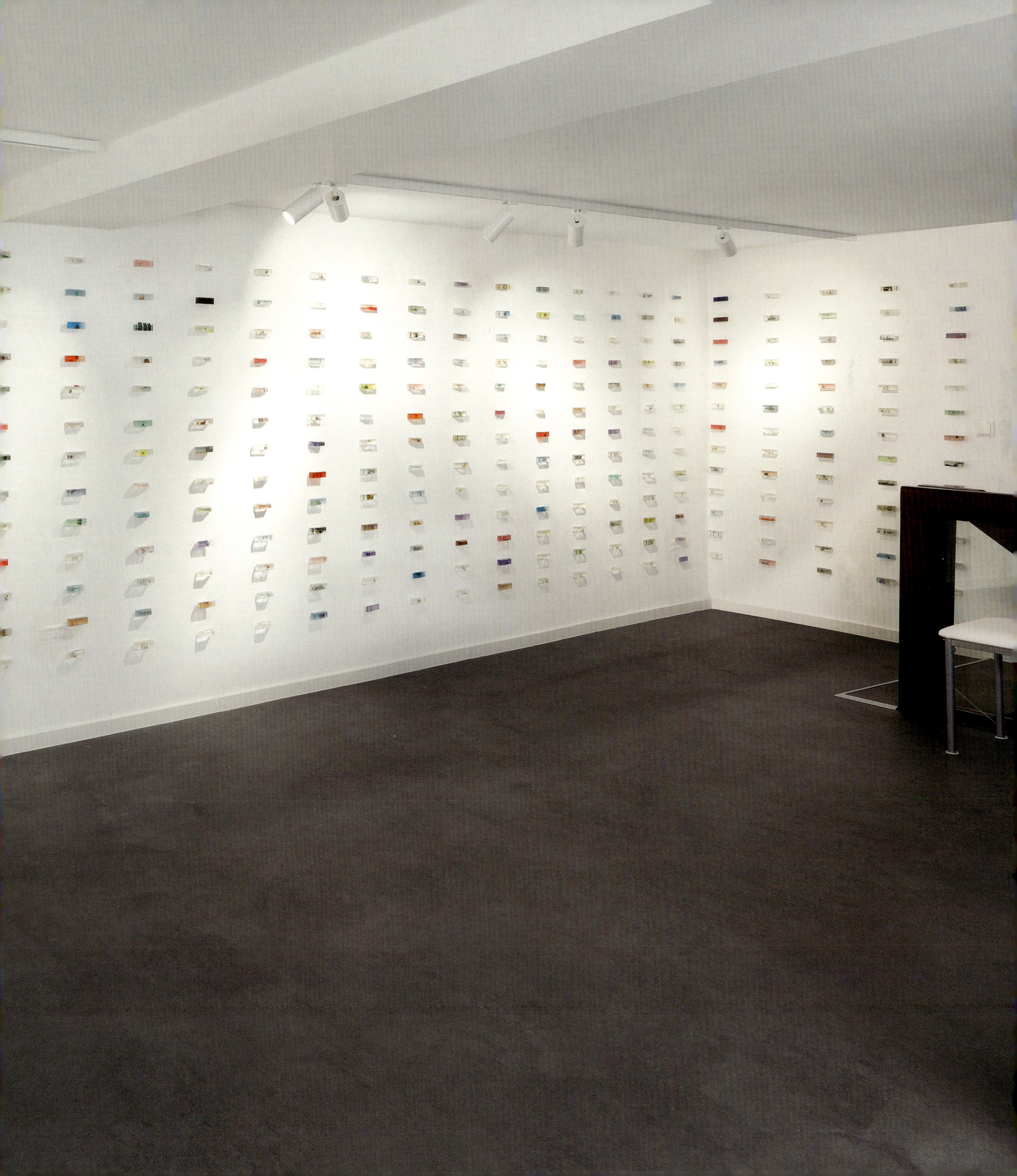

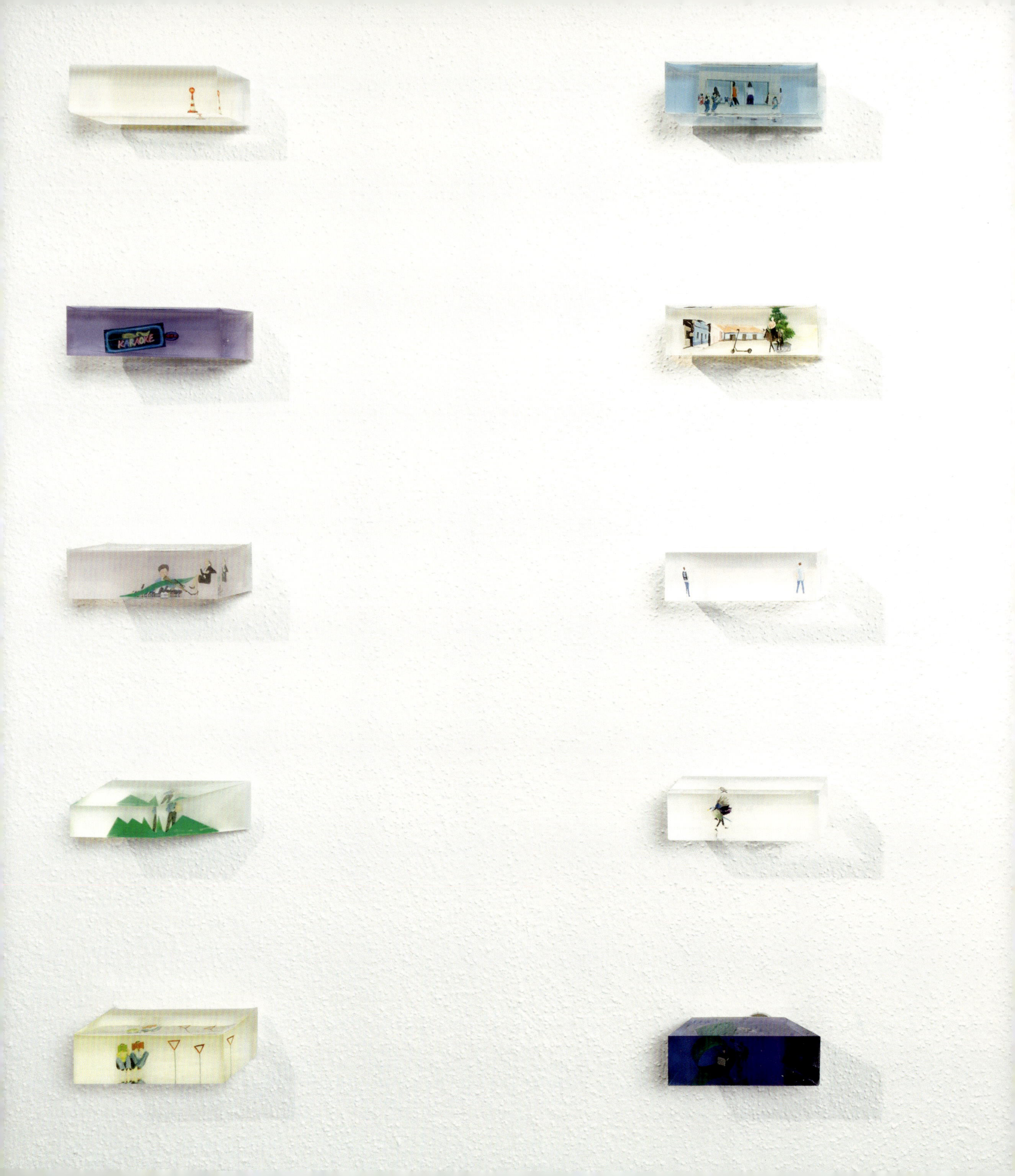
KARAOKE

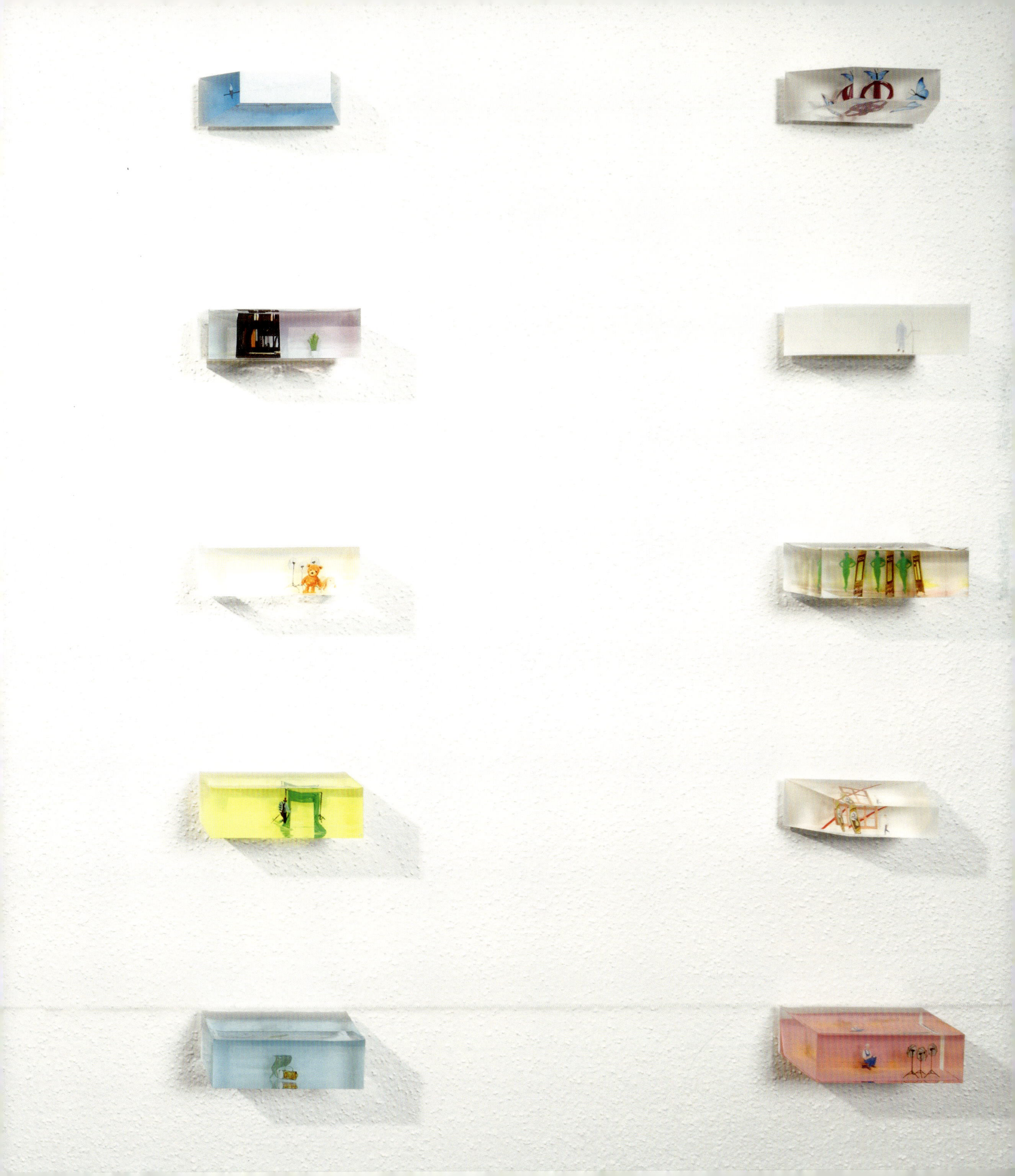

Abbildungsverzeichnis
Künstler- & Autor*innenbiografien

List of Illustrations
Artist & Author biographies

Umschlag / Cover:

I 45s (2021), Edelstahl spiegelpoliert / stainless steel mirror polished, 230 × 100 × 10 cm

S. / pp. 4–5

I 50s (2020), Edelstahl / stainless steel, 63 × 80 × 4,5 cm

S. / pp. 12–13

I 51 (2020), Aluminiumpapier / aluminum paper, 135 × 95 × 4 cm

I 43 (2020), Aluminiumpapier / aluminum paper, 135 × 95 × 4 cm

S. / pp. 20–21

I 48 (2020), Aluminiumpapier / aluminum paper, 54 × 54 × 4 cm

Indescribable scenes II 4–8 (2019–20), Acrylmalerei auf Overheadfolie, Epoxydharz / acrylic paintings on overhead transparency, epoxy resin, hängende Installation / hanging installation 125 × 220 × 105 cm

S. / pp. 28–31

I 45s (2021), Edelstahl spiegelpoliert / stainless steel mirror polished, 230 × 100 × 10 cm

S. / pp. 32–33

Indescribable scenes II 4–8 (2019–20), Acrylmalerei auf Overheadfolie, Epoxydharz / acrylic paintings on overhead transparency, epoxy resin, hängende Installation / hanging installation 125 × 220 × 105 cm

I 56 (2021), Aluminiumpapier / aluminum paper, 101 × 180 × 5 cm

I 54 (2021), Aluminiumpapier / aluminum paper, 101 × 180 × 5 cm

I 50s (2020), Edelstahl / stainless steel, 63 × 80 × 4,5 cm

I 55 (2021), Aluminiumpapier / aluminum paper, 95 × 135 × 4 cm

S. / pp. 34–35

I 50s (2020), Edelstahl / stainless steel, 63 × 80 × 4,5 cm

S. / pp. 36–37

I 55 (2021), Aluminiumpapier / aluminum paper, 95 × 135 × 4 cm

S. / p. 38

I 48 (2020), Aluminiumpapier / aluminum paper, 54 × 54 × 4 cm

S. / pp. 40–41

I 15 (2018), Aluminiumpapier / aluminum paper, 170 × 250 × 5 cm

S. / pp. 42–43

I 45s (2021), Edelstahl spiegelpoliert / stainless steel mirror polished, 230 × 100 × 10 cm

S. / pp. 45

I 51 (2020), Aluminiumpapier / aluminum paper, 135 × 95 × 4 cm

S. / pp. 46–47

I 54 (2021), Aluminiumpapier / aluminum paper, 101 × 180 × 5 cm

S. / pp. 50–51

I 54 (2021), Aluminiumpapier / aluminum paper, 101 × 180 × 5 cm

S. / pp. 52–53

19,76 (2021), Holz, MDF, Lack, Neon / wood, mdf, lacquer, neon, 80 × 130 × 145 cm

S. / pp. 55

I 34 (2020), Aluminiumpapier / aluminum paper, 135 × 60 × 4 cm

19,76 (2021), Holz, MDF, Lack, Neon / wood, mdf, lacquer, neon, 80 × 130 × 145 cm

I 15 (2018), Aluminiumpapier / aluminum paper, 170 × 250 × 5 cm

I 54 (2021), Aluminiumpapier / aluminum paper, 101 × 180 × 5 cm

S. / pp. 56–57

Indescribable scenes II 4–8 (2019–20), Acrylmalerei auf Overheadfolie, Epoxydharz / acrylic paintings on overhead transparency, epoxy resin, hängende Installation / hanging installation 125 × 220 × 105 cm

I 15 (2018), Aluminiumpapier / aluminum paper, 170 × 250 × 5 cm

I 54 (2021), Aluminiumpapier / aluminum paper, 101 × 180 × 5 cm

I 50s (2020), Edelstahl / stainless steel, 63 × 80 × 4,5 cm

I 55 (2021), Aluminiumpapier / aluminum paper, 95 × 135 × 4 cm

S. / pp. 58

Indescribable scenes II 4–8 (2019–20), Acrylmalerei auf Overheadfolie, Epoxydharz / acrylic paintings on overhead transparency, epoxy resin, hängende Installation / hanging installation 125 × 220 × 105 cm

S. / pp. 60–61

Indescribable scenes II 4–8 (2019–20), Acrylmalerei auf Overheadfolie, Epoxydharz / acrylic paintings on overhead transparency, epoxy resin, hängende Installation / hanging installation 125 × 220 × 105 cm

S. / pp. 63–64

I 45s (2021), Edelstahl spiegelpoliert / stainless steel mirror polished, 230 × 100 × 10 cm

S. / pp. 67–73

Indescribable scenes 1004, 1005, 1007, 1008, 1010, 1011, 1013, 1017, 1018, 1023, 1031–1033, 1025, 1037, 1039, 1041–1043, 1046, 1049, 1050, 1055, 1057–1059, 1062, 1066, 1067, 1069, 1070, 1073, 1075, 1079–1081, 1084, 1086, 1090–1092, 1093, 1098–1100, 1103, 1105–1107, 1110–1112, 1115, 1116, 1125, 1126, 1133, 1136, 1140, 1141, 1143, 1145, 1147, 1148, 1150–1152, 1155, 1156, 1158–1163, 1166–1173, 1175–1178, 1180, 1181, 1183–1188, 1190–1195, 1197–1201, 1203–1239, 1242–1246, 1248–1269, 1271–1280, 1282–1286, 1289–1318, 1320, 1321, 1323–1344, 1346, 1349–1351, 1353–1365, 1367, 1369–1372, 1375, 1376, 1378–1383, 1385–1413, 1415–1422, 1424, 1425, 1428–1431, 1433–1439, 1441, 1443–1447, 1450–1455, 1457–1463, 1465–1467, 1471–1486, 1488–1491, 1493–1496, 1499–1511, 1513–1519, 1521–1526, 1528, 1530–1536, 1538–1541, 1543–1554, 1556–1561, 1563–1575, 1577, 1578, 1580, 1582–1592, 1594, 1597–1603, 1605, 1607–1609, 1611–1614, 1616, 1618–1624, 1626–1629, 1631–1638, 1641–1651, 1654, 1655, 1657, 1659–1661, 1663–1665, 1667–1681, 1683–1694, 1696–1699, 1701, 1704, 1709, 1711, 1714, 1717, 1721, 1724, 1726–1729, 1735, 1736, 1738, 1739, 1742, 1743, 1745–1748, 1750–1753, 1757–1760, 1762, 1764, 1765, 1767, 1768, 1770–1773, 1775–1783, 1785, 1788–1791, 1793, 1794 (2020–21), Acrylmalerei auf Overheadfolie, Epoxydharz / acrylic paintings on overhead transparency, epoxy resin je / each 2,6 × 7,6 × 2,6 cm, Installation an der Wand / installation on the wall 210 × 1500 cm

atelierJAK

Jangyoung Jung (*1973 in Busan, Südkorea) und Andreas Geisselhardt (*1974 in Leonberg, Deutschland) arbeiten seit 2008 zusammen, seit 2011 als atelierJAK.

Jung und Geisselhardt absolvierten ihr Studium u.a. an der Staatlichen Akademie der Bildenden Künste in Stuttgart bei Werner Pokorny, Micha Ullman und Rainer Ganahl. Beide schlossen mit dem Akademiestipendium (Meisterjahr) ab, Jung bei Rainer Ganahl und Geisselhardt bei Christian Jankowski.

atelierJAK erhielt mehrere Preise und Stipendien. Ihre Arbeiten wurden in zahlreichen internationalen Einzelausstellungen gezeigt, unter anderem in der Villa Merkel – Galerie der Stadt Esslingen, im Kuandu Museum of fine Art, Taipei, im Württembergischen Kunstverein Stuttgart, in der Landesvertretung von Baden-Württemberg, Brüssel, im Hospitalhof, Stuttgart, im Openspace Bae und Space Bandee, Busan, in der Galeria Studio, Pałac Kultury i Nauki, Warschau. Außerdem war atelierJAK an zahlreichen Gruppenausstellungen beteiligt, im Kunstmuseum Stuttgart, der Pyeongchang Biennale, Korea, in der Waterfall Gallery, New York, im VOXPOPULI, Philadelphia, in der Galerie Stadt Sindelfingen, im Künstlerhaus, Stuttgart, im Kunstmuseum Singen, der städtischen Galerie, Karlsruhe um einige zu nennen. Die Arbeiten von atelierJAK sind in verschiedenen Sammlungen vertreten, darunter die Sammlung zeitgenössischer Kunst der Bundesrepublik Deutschland, das Museum of Contemporary Art Busan, Korea, das Kunstmuseum Stuttgart und den Staatlichen Museen zu Berlin.

Detaillierte biografische Informationen finden sich ständig aktualisiert auf www.info-jak.de.

atelierJAK

Jangyoung Jung (*1973 in Busan, South Korea) and Andreas Geisselhardt (*1974 in Leonberg, Germany) work together since 2008, since 2011 as atelierJAK.

Jung and Geisselhardt completed their studies at the State Academy of Fine Arts in Stuttgart with Werner Pokorny, Micha Ullman and Rainer Ganahl. Both graduated with an academy scholarship (master's year), Jung with Rainer Ganahl and Geisselhardt with Christian Jankowski.

atelierJAK has received several awards and grants. Their work has been shown in numerous international solo exhibitions, including in the Villa Merkel—Gallery of the City of Esslingen, in the Kuandu Museum of fine Art, Taipei, in the Württembergischer Kunstverein Stuttgart, in the State Representation of Baden-Württemberg, Brussels, at Hospitalhof, Stuttgart, in the Openspace Bae and Space Bandee, Busan, in the Galeria Studio, Pałac Kultury i Nauki, Warsaw.

atelierJAK was also involved in numerous group exhibitions, at the Kunstmuseum, Stuttgart, the Pyeongchang Biennale, Korea, the Waterfall Gallery, New York, the VOXPOPULI, Philadelphia, the Galerie Stadt Sindelfingen, the Künstlerhaus, Stuttgart, the Kunstmuseum Singen, the municipal gallery, Karlsruhe, to name a few. The work of atelierJAK is represented in various collections, including the Collection of Contemporary Art of the Federal Republic of Germany, the Museum of Contemporary Art Busan, Korea, the Kunstmuseum Stuttgart and the State Museums of Berlin.

Detailed biographical information is constantly updated at www.info-jak.de.

Dr. Annika Schoemann

Kuratorin für zeitgenössische Kunst und Filmwissenschaftlerin. Annika Schoemann studierte Filmwissenschaft, Kunstgeschichte und Komparatistik in Mainz. Als Produktionsleiterin arbeitete sie im Bereich Animationsfilm. Beim Siemens Arts Programm war sie als Pressereferentin tätig und betreute die Bereiche Bildende Kunst und CSR. Nach Stationen in New York als Kuratorin beim Goethe-Institut und als Lecturer im MoMA übernahm sie die Geschäftsführung einer Kulturagentur in München. Heute entwickelt und kuratiert sie zeitgenössische Kunst- und Kulturprojekte. 2021 entwickelte sie die *Wunderkammaa* Plattform für Kunst, Design, Handwerk und Wissenschaft auf der Suche nach neuen Formaten und Allianzen. Seit 2019 ist sie Vorstandsmitglied bei PIN. Freundeskreis der Pinakothek der Moderne.

Curator for contemporary art and film scholar. Annika Schoemann studied film studies, art history and comparative literature in Mainz. As a production manager, she worked in the animation film sector. She worked as a press officer for the Siemens Arts Program and was responsible for the visual arts and CSR areas. After positions in New York as a curator at the Goethe Institute and as a lecturer at MoMA, she took over the management of a cultural agency in Munich. Today she develops and curates contemporary art and cultural projects. In 2021 she developed the *Wunderkammaa* platform for art, design, craft and science in search of new formats and alliances. She has been a board member at PIN friends of the Pinakothek der Moderne since 2019.

Dr. Mathias Listl

Kunsthistoriker. Mathias Listl studierte an der Universität Regensburg Kunstgeschichte, Klassische Archäologie und Vor- und Frühgeschichte. 2011 wurde er dort mit der Arbeit *Gegenentwürfe zur Moderne. Paradigmenwechsel in Architektur und Design 1945 bis 1975* promoviert. Seit 2011 ist er wissenschaftlicher Mitarbeiter an der Kunsthalle Mannheim. Von 2013 bis 2018 war er für die Provenienzforschung an der Kunsthalle zuständig. Bisher kuratierte er zudem mehrere Ausstellungen zeitgenössischer Kunst des Museums.

Art historian. Mathias Listl studied art history, classical archeology and prehistory at the University of Regensburg. In 2011 he received his doctorate with the thesis *Counter drafts to modernity. Paradigm shift in architecture and design 1945 to 1975*. Since 2011 he has been a research assistant at the Kunsthalle Mannheim. From 2013 to 2018 he was responsible for provenance research at the Kunsthalle. To date, he has also curated several exhibitions of contemporary art at the museum.

Dr. Isabelle Lesmeister

Kunsthistorikerin und Galeristin. Isabelle Lesmeister studierte Kunstgeschichte, Italianistik und Anglistik an der Universität Regensburg. Sie arbeitete im Bereich Art Consulting bei einer Unternehmensberatung in Frankfurt, bei der Kunstsammlung der Deka Bank und dem Frankfurter Kunstverein bevor sie die Leitung einer Galerie in Regensburg übernahm. Nach zwei Jahren machte sie sich 2010 mit ihrer eigenen Galerie für zeitgenössische Kunst in Regensburg selbständig. Zehn Jahre später, 2020 übernahm sie die Galerie Kunstkabinett von Marianne Schönsteiner-Mehr, die nach 41 Jahren Galeriearbeit in Regensburg in den Ruhestand wechselte. Damit vergrößerte sich nicht nur die Ausstellungsfläche um das dreifachen sondern auch das Portfolio der Galerie, das nun auch Druckgrafik und Multiples umfasst.

Art historian and gallery owner. Isabelle Lesmeister studied art history, italian and english language and literature at the University of Regensburg. She worked in the field of art consulting at a management consultancy in Frankfurt, at the Deka Bank art collection and the Frankfurter Kunstverein before she took over the management of a gallery in Regensburg. After two years, she set up her own gallery for contemporary art in Regensburg in 2010. Ten years later, in 2020, she took over the Galerie Kunstkabinett from Marianne Schönsteiner-Mehr, who retired after 41 years of gallery work in Regensburg. This not only enlarged the exhibition area by three times, but also extended the gallery's portfolio, which now also includes prints and multiples.

Impressum

Colophon

Dieser Katalog erscheint anlässlich der Ausstellung / This catalogue is published on the occasion of the exhibition *atelierJAK: FAULTY REVERIES*, 21.4.–10.7.2021. in der Galerie Isabelle Lesmeister, Regensburg.

GALERIE ISABELLE LESMEISTER

Galerie Isabelle Lesmeister
Untere Bachgasse 7
93047 Regensburg
galerie-lesmeister.de
info@galerie-lesmeister.de

Herausgeberin / Editor:
Dr. Isabelle Lesmeister

Redaktion / Editing:
Dr. Isabelle Lesmeister, atelierJAK

Autor*innen / Authors:
Dr. Annika Schoemann, Dr. Mathias Listl, Dr. Isabelle Lesmeister

Übersetzungen / Translations:
Uli Nickel, M.A. – Übersetzungs- und Redaktionsbüro, ulinickel.wordpress.com

Gestaltung / Design:
Studio Nicolas Zupfer, nicolaszupfer.com

Fotografie / Photography:
Julia Knorr & Clemens Mayer, clemensmayer-foto.de

Projektmanagement / Project Management:
Lydia Fuchs, Kerber Verlag

Herstellung / Production:
Jens Bartneck, Kerber Verlag

Gesamtherstellung und Vertrieb / Printed and published by:
Kerber Verlag
Windelsbleicher Str. 166–170
33659 Bielefeld, Germany
+49 521 950 08 10
+49 521 950 08 88 (F)
info@kerberverlag.com
kerberverlag.com

Kerber Publikationen werden weltweit vertrieben / Kerber publications are distributed worldwide:

ACC Art Books
Sandy Lane, Old Martlesham
Woodbridge, IP12 4SD, UK
+44 1394 38 99 50
+44 1394 38 99 99 (F)
accartbooks.com
uksales@accartbooks.com

Artbook | D.A.P.
75 Broad Street, Suite 630
New York, NY 10004, USA
+1 212 627 19 99
+1 212 627 94 84 (F)
artbook.com
orders@dapinc.com

AVA Verlagsauslieferung AG
Centralweg 16
8910 Affoltern am Albis, Switzerland
+41 44 762 42 50
+41 44 762 42 10 (F)
avainfo@ava.ch

Zeitfracht GmbH
Verlagsauslieferung
kerber-verlag@knv-zeitfracht.de

Die Deutsche Nationalbibliothek verzeichnet diese Publikation in der Deutschen Nationalbibliografie: dnb.de. / The Deutsche Nationalbibliothek lists this publication in the Deutsche Nationalbibliografie: dnb.de.

ISBN 978-3-7356-0805-5
www.kerberverlag.com

Printed in Germany

Dank / Acknowledgments:
Albrecht Hohenberger, Christoph Blattmacher, Clemens Mayer, Dongae Han, Günter Weinreuter, Jinjoo Lee, Josephine Burger, Julia Knorr, Katja Geisselhardt, Kaya Geisselhardt, Kulturreferat der Stadt Regensburg, Markus Apfelbacher, Maria Lang, Michael Roggon, Minqi Sun, Nele Geisselhardt, Peter Weigl

Die Publikation wird gefördert durch / The publication is supported by:

STIFTUNG KUNSTFONDS

NEU START KULTUR